AF311832

NOUVEAU
CATÉCHISME RÉPUBLICAIN.

Ce Catéchisme a été publié par articles, dans la
GLANEUSE, journal patriotique et populaire de Lyon;
mais il a été revu et augmenté pour cette édition.

LYON. — IMPRIMERIE DE JÉROME PERRET,

RUE ST-DOMINIQUE, N. 13.

NOUVEAU

CATÉCHISME

Républicain,

INDIQUANT A TOUT CITOYEN

SES DROITS, SES DEVOIRS,

ET LA FORME DE GOUVERNEMENT

QUI CONVIENT LE MIEUX A LA DIGNITÉ ET AU BONHEUR D'UN PEUPLE,

Par **UN PROLÉTAIRE**.

*« L'empire de la raison publique est le
meilleur fondement de la liberté. »*

J. J. ROUSSEAU.

Prix : 60 c.

LYON.

Se vend : Aux bureaux de la GLANEUSE, du PRÉCURSEUR
Et de l'ÉCHO DE LA FABRIQUE ;
Chez BARON, libraire, rue Clermont.

1833.

AU LECTEUR.

« *Le bonheur de l'humanité est le songe
de ma vie.* »

BÉRANGER le Chansonnier

De tout temps les gouvernans qui ont voulu établir
leur propre intérêt au préjudice des droits et des avantages des masses, ont fondé toute leur existence sur
un système plus ou moins complet, qui se résume en
ces trois mots : FORCE, CORRUPTION, IGNORANCE ; et jusqu'à ce jour, nous devons le dire, ce système honteux
pour l'humanité leur a réussi.

Il est aisé de concevoir qu'il n'en pouvait être autrement.

Par la force, ils ont comprimé toutes les pensées,
arrêté toutes les révélations qui pouvaient leur nuire en
éclairant les peuples asservis. Il ne leur a fallu pour cela,
d'abord, que des Bastilles dans lesquels les Louis XIV
comme les Napoléon ne se sont fait aucun scrupule de
faire jeter les écrivains courageux ; et ensuite, des lois
de censure à l'aide desquelles les pilons ou les ciseaux
de leurs agens ont anéanti ou étriqué les opinions libé-
rales que l'on tâchait d'émettre. — A d'autres époques
ou dans d'autres lieux, la corruption leur a fourni des
moyens de succès encore plus funestes, en ce qu'en
assurant à tout homme vil, mais ambitieux, qui, pour
arriver à ses fins, se couvrait d'un masque populaire,
l'espérance d'un prix s'il voulait changer ou se taire, ils
ont néanmoins laissé subsister les apparences trompeu-

ses auxquelles les masses, dans l'impossibilité ou elles se trouvent de vérifier le fond des consciences de leurs représentans, se sont facilement laissé prendre. Témoin le ministre anglais Walpole, achetant l'aristocratie bourgeoise qui combattait dans la chambre basse pour les libertés du pays et l'alliant par l'appât de l'intérêt à la haute noblesse, pour former en faveur du trône chancelant de Georges 1er une ligue offensive contre le peuple, assez simple pour ne voir qu'un effet de conviction dans cet abandon de ses défenseurs; témoin, aussi, la foule des désertions survenues chez nous depuis 1830, et que le peuple français n'a pas encore toutes reconnues, tant on a soin de les dissimuler. — Enfin l'ignorance dans laquelle les peuples sont retenus, ajoute beaucoup à la valeur des deux premiers moyens, car abrutissant les hommes, elle ne leur permet pas de reconnaître le sentiment de leur dignité, de leurs droits et de leurs forces; elle les rend sourds aux paroles d'éveil qui leur parviennent à de certaines périodes, et leur fait regarder avec indifférence le supplice ou la captivité que la tyrannie inflige à ceux qui se sacrifient pour les émanciper, mais qu'ils ont le malheur de ne pas comprendre.

S'il en faut des preuves et des exemples, qu'on se rappelle qu'un article du *Coran*, autre charte octroyée par Mahomet à ses peuples, leur défend, sous peine de mort, d'apprendre à lire, et que pour n'avoir été exprimée que par le prophète, la pensée qui a dicté cet article n'en existe pas moins dans le cœur de tous les rois !.... Que l'on songe à l'état d'avilissante stupidité dans lequel ont vécu les Espagnols, les Portugais, dansant autour des bûchers du *Saint-Office*! Qu'on jette enfin les yeux sur le spectacle horrible qui se joue actuellement à 25 lieues de nous! On verra les Savoisiens supportant, sans s'insurger, la tyrannie du fourbe *Charles-Albert*; souffrant que ce monstre rétablisse l'infernale inquisition et les tortures, qu'il sacrifie à sa vengeance les vertueux patriotes qui avaient pris pour tâche de rendre la Savoie et le Piémont à la vie morale et politique, à la liberté !.... Voila, voila les fruits de l'ignorance ! Qu'on y réfléchisse !

Mais toute tyrannie, toute ruse immorale ayant pour but de tenir un peuple en esclavage, ne peuvent avoir qu'un succès définitivement périssable. L'humanité créée dans un autre but que celui de demeurer la proie de quelques privilégiés, a marché et marchera sans cesse. La loi du progrès qui la pousse en avant, en dépit de toutes les résistances, de toutes les entraves, a ôté leur plus grande valeur aux moyens de gouvernement que nous venons de citer, et si dans quelques pays la force brutale obtient encore quelques succès comme en Allemagne, en Prusse, en Hongrie, où cependant les peuples sont mûrs, il en est d'autres comme la France, l'Angleterre, où elle est devenue inapplicable. — De plus, il est universellement reconnu maintenant, que l'homme qui vend sa plume ou sa conscience, ou qui cesse de proclamer des vérités utiles à son pays par cela seul qu'on l'a payé pour se taire, est un être infame, digne du plus profond mépris. Cette juste réprobation qui le frappe, montre que désormais la corruption ne produira, si on en essaye encore, que de bien faibles effets. — Le seul obstacle qu'il faille renverser avant d'entrer dans le champ fécond de la vraie liberté, n'est donc qu'un faible reste d'ignorance, dernier vestige des temps d'oppression qui ont pesé sur l'humanité. En vérité, si ce n'est plus que de cela qu'il s'agit, la victoire, en France, ne sera pas difficile à remporter, car nos populations ont en général l'instinct parfait de leurs droits et de leurs forces, et les fractions dont l'éducation reste à faire sont avides d'apprendre : elles ne cherchent que les moyens faciles d'y parvenir.

Or, c'est à nous, issus du pur et glorieux sang prolétaire, à nous qui vivons au milieu de ces classes, jadis instrument aveugle de la tyrannie, et qui connaissons tous leurs nouveaux besoins et leur soif d'émancipation, c'est à nous qu'il appartient de leur préparer les élémens de l'instruction qu'elles demandent ; aussi, regardons-nous comme un immense bienfait, que le travail ait permis à nos parens de nous faire recueillir quelques rayons de ces lumières qu'on persiste à tenir cachées, et qui nous donnent aujourd'hui le pouvoir d'accomplir une mission si sainte, et si utile.

Voila à peu-près ce que nous disions dans la GLANEUSE du 7 avril 1833, et depuis lors nous avons publié dans ce journal, sous le titre de CATÉCHISME RÉPUBLICAIN, une suite d'articles, dans lesquels après avoir exposé les principaux droits et les principaux devoirs de chaque homme en particulier, et de tous les hommes entr'eux, nous avons examiné les divers moyens dont on s'est servi jusqu'à présent pour organiser et diriger la société. Nous en avons discuté les vices et les inconvéniens, et après avoir démontré quel est le genre de gouvernement qu'il convient le mieux à un peuple d'adopter, nous avons donné quelques détails pour bien faire comprendre quels avantages les citoyens en retireront, quelles garanties il leur présentera, et sur quelles bases il sera fondé.

La tâche toute d'humanité que nous nous étions imposée se trouvant ainsi remplie, nos amis nous ont pressé de la compléter en réunissant en un seul livre tous nos articles épars dans la GLANEUSE.

L'expression de ce vœu et la faveur avec laquelle nous savions que le public avait reçu nos articles nous ayant porté à croire que cette publication pourrait être, en effet, utile, nous n'avons pas hésité à la faire et c'est elle que nous offrons aujourd'hui à un prix minime, parce que l'intérêt public nous fait désirer qu'elle puisse pénétrer partout. Mais nous n'obtiendrions pas encore tout le résultat auquel nous aspirons, si nous n'étions aidés dans notre entreprise par tous ceux qui partagent nos principes et qui, gémissant comme nous de l'ignorance qui pèse encore sur un certain nombre d'habitans des villes et surtout des campagnes, sentent que la disparition de ce fléau, legs funeste du passé, pourra seule rendre à jamais impossible le retour du despotisme. — Nous comptons donc sur eux pour propager ce livre, et pour ajouter leurs propres explications au texte trop court de nos leçons.

Que le CATÉCHISME RÉPUBLICAIN soit porté et lu partout, dans les ateliers, dans les chaumières ! — Que chacun se fasse apôtre de la religion de l'avenir et puisse, pour sa récompense se dire un jour : « *Moi aussi, j'ai contribué à établir la* RÉPUBLIQUE.

CATÉCHISME

RÉPUBLICAIN.

PREMIÈRE LEÇON.

DES DROITS DE L'HOMME.

Quels sont les premiers droits de l'homme ?
Jouir de la vie et de la liberté, en possédant les moyens de chercher et d'obtenir la sûreté et le bonheur.

Tous les hommes possèdent-ils actuellement ces moyens ?
Non ; car pour ne parler que du pays où nous vivons, on y voit une infinité d'hommes pour lesquels la vie est un temps de supplice plutôt qu'un temps de bonheur. Parvenant à peine à gagner, à la sueur de leur front, le pain de chaque jour, ils ne trouvent au milieu de la société dans laquelle ils vivent, que juste ce qu'il leur faut pour ne pas mourir de faim. L'ouvrier comme le fermier ne travaillent que pour enrichir, l'un le marchand, l'autre le propriétaire, desquels ils dépendent ; et le reste de leur gain que ceux-ci n'ont pas enlevé, leur est ravi en grande partie par l'impôt. Les jouissances les plus simples de la vie leur sont interdites ; ils ne peuvent même donner cours aux sentimens de leurs cœurs, car la misère qui les accable leur fait regarder comme une calamité la naissance de leurs enfans auxquels ils ne peuvent donner que la plus chétive des existences. Ce sont là les hommes qu'on désigne par le nom de PROLÉTAIRES, nom qui s'applique en général à tous ceux qui ne possédant absolument rien, vivent du fruit de leur travail quotidien, quel qu'il soit.

Expliquez-nous ce que c'est que la liberté ?
C'est le droit qui appartient à chaque homme d'exécuter toutes ses volontés qui ne nuisent pas aux droits

des autres hommes. Nous allons indiquer les cas principaux dans lesquels la liberté doit être *complète*. Les hommes doivent jouir sans restriction : 1° *de la liberté de conscience ;* 2° *de la liberté individuelle ;* 3° *de la liberté* que nous nommerons *de propagation ;* 4° *de la liberté d'association ;* 5° *et de la liberté de l'enseignement.*

La liberté de conscience permet à chaque homme d'avoir en morale, en religion, en politique, enfin sur quelque matière que ce soit, une opinion personnelle qui doit être respectée dans quelque position qu'il se trouve. Personne ne peut ni l'obliger à dire ce qu'il pense, ni trouver mauvais qu'il pense de telle ou telle manière. Chacun n'est soumis, pour ses pensées, qu'à la loi que lui fait sa propre conscience. — *La liberté individuelle* doit être aussi entièrement respectée, car il serait peu important de laisser l'ame ou la pensée en repos, si l'on pouvait disposer à volonté du corps qui les renferme. Ce n'est donc que dans les cas de *flagrant délit*, c'est-à-dire de surprise au moment de l'exécution du crime, ou lorsqu'il y a péril imminent pour la société, qu'il peut être permis de suspendre le droit sacré de la liberté individuelle. Ceux que la société investit de ce pouvoir redoutable doivent rendre compte immédiatement de l'emploi qu'ils en font, et sont responsables des abus qu'ils peuvent commettre. — Par la *liberté de propagation*, nous entendons la faculté qu'a chaque homme de répandre ou de communiquer ses pensées par le moyen des journaux, du théâtre, d'une tribune publique, ou enfin des lettres. Nous appelons crime, toute tentative faite pour anéantir ou diminuer cette liberté indispensable à toute société qui a brisé ses chaînes. — La *liberté d'association* est le droit qu'ont les hommes de s'associer entre eux, c'est-à-dire de mettre en commun tous leurs moyens, soit pour défendre contre l'arbitraire leurs droits attaqués, soit pour arriver à un but d'intérêt particulier ou d'intérêt général, ou à un résultat qui est la satisfaction d'un besoin du corps ou de l'esprit. Ce droit est si naturel, que ce n'est qu'une tyrannie exécrable qui en peut suspendre le cours. — Enfin, la *liberté de l'enseignement* est la première liberté de la famille. Elle doit appartenir à tous et n'être jamais l'objet d'un privilége qui puisse s'accorder ou se refuser à volonté. La question de la moralité de ceux qui veulent enseigner, est la seule à laquelle il faille s'arrêter.

Jouit-on en France de toutes les libertés que vous venez de définir ?

Non, sans doute. Toutes ces libertés sont plus ou moins outrageusement violées ; ainsi, il n'est pas permis d'y penser en politique ce qu'on veut, sans s'exposer à une surveillance ridicule de la police, qui ne voit que des conspirateurs dans tous ceux qui ne pensent pas comme le gouvernement. Il y a plus, c'est que pour être préfet, maire, officier de la garde nationale, maître d'école, pour occuper enfin une place d'adminimistration, même pour laquelle on n'est pas payé, il faut partager les opinions de ceux qui gouvernent, et consentir à leur obéir aveuglément, qu'ils commandent bien ou mal ! Quant à la liberté individuelle, il n'en faut pas parler. Un ancien galérien, devenu agent de police, vous empoigne sans ordre, sans autre règle que sa mauvaise humeur ou son caprice. Il vous traîne à une maison d'arrêt où vous trouvez d'autres hommes de police qui vous font relâcher ou bien emprisonner selon leur volonté. Dans ce dernier cas, vous comparaissez après vingt-quatre heures devant un officier public qui vous fait mettre en liberté, en vous menaçant de poursuites si vous avez l'audace de vous plaindre. Ou bien, si un juge d'instruction, ou un procureur du roi a reçu un faux rapport sur votre compte, ou s'il a quelque sujet personnel de haine contre vous, il peut, à lui SEUL, délivrer un ordre de vous arrêter ! — Nous n'avons jamais entendu dire qu'on ait poursuivi des agens de police ni des procureurs du roi ou des juges d'instruction pour des arrestations arbitraires, et cependant il y en a tant eu !

La liberté de propagation est-elle mieux respectée ?

Au contraire, elle l'est encore moins, car c'est elle que l'on veut surtout détruire. La liberté de la presse est plus menacée que jamais. En un an, on a fait exécuter 281 saisies de journaux, et rendre 251 jugemens sur des poursuites contre la presse. — Toutes sortes d'entraves s'opposent à la publication d'un journal. D'abord, un imprimeur ne peut s'établir qu'avec la permission du gouvernement, et lorsqu'il l'a obtenue, il est contraint de verser une somme qui lui sert de cautionnement. Ensuite le citoyen qui veut publier un grand

journal doit verser aussi pour cautionnement **une somme**
de seize mille francs, puis pour chaque numéro du
journal, il faut qu'il paie des droits de timbre et de
poste ; c'est l'élévation de prix causée par tout cela qui
empêche ceux qui ne sont pas riches de s'abonner **aux**
journaux comme ils le désireraient souvent. Les impri-
meurs étant également poursuivis pour les articles qu'ils
impriment quoiqu'ils soient l'œuvre d'un autre, il s'en-
suit que la frayeur leur fait refuser quelquefois de se
prêter à des publications qui seraient fort utiles. Enfin,
on emploie tous les moyens pour empêcher aux bonnes
pensées de se répandre par les livres ou les journaux.
— Inutile de parler de tribune publique, puisque toute
réunion est défendue. — La volonté d'un agent du pouvoir suffit pour interdire la représentation d'une pièce
de théâtre. — Quand au secret des lettres, on ne le
respecte plus ; ce que Charles X n'avait jamais osé
avouer, le gouvernement de Louis-Philippe vient de le
déclarer publiquement par la bouche d'un avocat-gé-
néral de Paris. M. Persil, qui a dit ; « Que la police
pouvait prendre à la poste les lettres qu'elle voulait et
les ouvrir. » Nous savons du reste qu'on use depuis
long-temps de cette faculté que l'on s'est attribuée de
violer le secret des affaires particulières ; nous en con-
servons précieusement des *preuves matérielles et irrécu-
sables*, pour convaincre les incrédules, s'il en restait.

*Dites-nous enfin ce qu'on fait des autres libertés dont
vous nous avez parlé!*

Un article du code pénal défend toutes les réunions de
plus de vingt personnes, et par conséquent toutes les
associations. Les riches peuvent bien se réunir en tel
nombre qu'il leur plaît pour faire des entreprises qui
ne profitent qu'à eux seuls, venir dans leurs cercles
pour s'entendre sur les moyens de bien diriger leurs
affaires de corps ou d'aider le gouvernement, on to-
lère, on autorise leurs réunions ; mais si les patriotes
pauvres, les travailleurs véritables, veulent se réunir,
s'occuper de questions politiques, de questions d'industrie toutes relatives à leur position et à leurs intérêts
privés, on se sert de l'odieux article 291 pour les dis-
perser aussitôt (1). — La liberté d'enseignement est nulle.

(1) Cet article est si monstrueux, il est tellement en contradiction
avec nos mœurs, que les jurys refusent maintenant de lui reconnaître

Une école ne peut être ouverte sans une permission , et quand l'instituteur l'a obtenue du caprice des administrateurs , qui lui font subir un long interrogatoire , un impôt est encore levé sur lui en raison du nombre de ses élèves ! Tous les principaux droits de l'homme sont donc méconnus , violés et outragés dans la société actuelle.

LEÇON DEUXIÈME.

SUITE DES DROITS DE L'HOMME.

Qu'est-ce que l'égalité ?

Par le mot ÉGALITÉ, on désigne la LOI NATURELLE qui porte que tous les hommes, indistinctement, naissent et doivent vivre libres et égaux , quel que soit d'ailleurs l'état de leur corps ou de leur esprit ; que tous ont les mêmes droits et sont soumis aux mêmes lois pour les peines comme pour les récompenses : qu'ils peuvent tous arriver aux fonctions publiques ; qu'enfin, il ne doit y avoir entr'eux d'autres distinctions que celles des vertus et des talens , dont l'unique avantage est , d'ailleurs , de faire honorer de la considération publique ceux qui les possèdent.

L'égalité existe-t-elle en France ?

Hélas ! non. Dans la première révolution on avait cherché à l'établir ; on y serait sans doute parvenu, mais le règne du peuple ayant cessé, les abus, les priviléges , les distinctions ont reparu avec les oppresseurs et existent toujours. Ainsi, malgré les progrès immenses du siècle , nous voyons encore une noblesse et des hommes assez vaniteux , assez ridicules, pour conserver ou demander des titres de comte, de baron ,

force de loi. Trois fois des citoyens ont été traduits devant la cour d'assises de Paris comme coupables d'avoir formé des associations, tous ont reconnu qu'ils étaient en effet membres de sociétés nombreuses, qu'ils avaient assisté à des réunions de plus de vingt personnes, mais ils ont soutenu que le droit en vertu duquel ils avaient agi leur appartenait et trois fois les jurys reconnaissant qu'ils avaient raison, les ont acquittés. Il est donc à peu près entendu que l'article 291 est annulé ! Que les citoyens en profitent !

de duc, de marquis, et d'autres non moins fous prendre le nom d'une commune, d'un hameau, d'une maison de campagne, pour allonger celui qu'ils tiennent de leur père et y faire trouver le mot DE, qu'ils conservent ensuite seul avec leur nom nouveau!... Bien sottes gens, qui s'imaginent par là s'attirer le respect et la considération, ou faire oublier leur origine bourgeoise et leur nullité!... En général, on doit s'attendre à trouver orgueilleux ou imbécilles ceux qui portent quelque titre de noblesse que ce soit; c'est dire alors qu'ils ne sont en aucun cas dignes d'obtenir la confiance du peuple. — L'*égalité* n'existe non plus, ni dans les droits politiques, ni devant la loi, ni dans les moyens de vivre.

Prouvez-nous ce que vous venez d'avancer.

Rien ne sera plus facile. — En politique, l'immense majorité des Français est tout-à-fait privée de droits. Elle ne prend part ni aux élections des députés, ni aux élections des officiers municipaux, ni à celles des juges des tribunaux de commerce ou des prud'hommes, ni elle n'entre dans la composition des jurys siégeant dans les cours d'assises. 160 mille privilégiés, dont le seul mérite est de payer les plus fortes contributions, *se chargent* de tout faire, et leurs décisions sont indiquées comme l'expression de la volonté des 33 millions d'habitans que contient la France. C'est la richesse qui donne le droit, comme si ce droit n'appartenait pas à tout membre de la société qui travaille et qui produit, de préférence même à un oisif, c'est-à-dire à un rentier qui ne fait que consommer, sans être d'aucune utilité à la société. Pour excuser un si odieux monopole, on vous dit quelquefois qu'il ne serait pas possible de réunir sans tumulte des assemblées plus nombreuses. Ce n'est là qu'une amère dérision, et il sera aisé de prouver le contraire en rappelant que sous le régime du despotisme pur, en 1789, les députés qui composèrent l'assemblée nationale furent élus par *six millions* de citoyens, et en citant l'Angleterre, qui, depuis sa réforme, a plusieurs millions d'électeurs sur une population d'environ treize millions d'ames; enfin, les Etats-Unis d'Amérique, où la presque totalité des habitans prend part à une foule d'élections. — Pour achever le tableau de ces révoltantes injustices, nous devons mentionner l'exclusion des rangs de la garde nationale de tous ceux qui ne paient pas une contribution personnelle ; — enfin , l'inégalité criante de l'impôt.

Bien que l'égalité devant la loi soit reconnue par la charte , il n'est pas moins vrai qu'elle n'existe pas en réalité. Soyez insultés par un commissaire de police , par un préfet , lorsque vous allez leur parler de quelqu'acte relatif à leurs fonctions ; qu'un prêtre , du haut de sa chaire , vous désigne à la haine de vos concitoyens , le code pénal indique quelle punition doit leur être infligée ; mais pour les traduire devant les tribunaux qui doivent leur appliquer la peine , il faut que vous y soyez autorisés par le conseil d'état ; or , ce conseil , composé de membres nommés par le roi , a pour habitude de refuser ces autorisations , ce qui fait que ceux que vous croyiez pouvoir faire punir , rient beaucoup de votre impuissance , et s'en vont reproduire des insultes qu'ils savent devoir demeurer impunies. Voulez-vous former une demande contre une commune ? il vous faut l'autorisation du conseil de préfecture du département. Voulez-vous assigner l'état représenté par les ministres ? vous ne pouvez le faire qu'avec l'autorisation du même conseil , — et comme ce sont les ministres qui en nomment les membres , vous courez grand risque de n'être pas autorisés à poursuivre. — Si vous avez une affaire quidoive être jugée *administrativement* , c'est-à-dire par un conseil de préfecture , malheur à vous si vous n'avez pas de puissantes protections , car votre affaire pourra rester si long-temps dans les cartons que vous en perdrez vousmêmes le souvenir , ou , si on y pense , on vous jugera le plus souvent de manière à rendre vainqueur le maire ou le voyer contre lequel vous avez voulu lutter. Si vous n'êtes pas contens de la décision , vous pouvez recourir au conseil d'état , mais n'en essayez pas si vous n'avez beaucoup d'argent , et plus encore de hautes protections. Enfin , tout homme qui ne possède rien , ne peut se faire rendre justice même par les tribunaux ordinaires , parce qu'il n'a pas de quoi faire l'avance des frais énormes d'une inutile procédure.

Nous pourrions prier ceux qui ne verraient pas encore l'inégalité devant la loi bien constatée, de penser aux ministres de Charles X , faisant mitrailler le peuple qu'ils voulaient réduire à l'esclavage, condamnés pour ces crimes à une détention perpétuelle, qu'ils subissent dans un beau château où tous les agrémens de la vie leur sont prodigués *aux frais des contribuables;* et encore à la duchesse de Berry née leur égale, en tous cas, devenue telle par son expulsion de France, mettant des provinces à feu et à sang, et subissant pour toute punition une courte captivité qui aura coûté plus de *huit millions* à la France. Nous leur dirions après, de considérer les hommes de juin s'insurgeant par suite de provocations, pour la défense d'un *principe*, accusés de *vol et d'assassinat*, condamnés à mort; puis, parce qu'on n'ose pas exécuter leur arrêt, jetés dans la plus horrible des prisons de France, sur un rocher stérile de l'Océan, où mille causes leur procureront la mort après toutes les souffrances du martyre!... Et cela examiné, nous leur demanderions s'ils croient consciencieusement que l'article 1er de la charte n'est pas un impudent mensonge!...

Que pensez-vous de l'égalité sociale, ou de l'égalité dans les moyens de vivre?

Nous croyons qu'il est utile de rappeler souvent aux hommes qu'elle serait *un droit*, mais il nous semble impossible qu'elle s'établisse jamais. Le caractère même de l'homme l'empêche, car en supposant qu'on arrivât à établir tout-à-coup une égalité complète de fortunes, la dissipation, la paresse des uns, l'avarice, l'activité des autres, l'auraient aussitôt détruite. Mais cependant nous sommes loin de vouloir que l'on reste au point actuel; au contraire, nous voulons qu'on se rapproche sans cesse le plus qu'il sera possible de l'égalité, de telle manière qu'on ne soit plus blessé par la vue d'une grande richesse donnant lieu à de grandes superfluités, placée à côté de la misère en proie à des besoins.

Y a-t-il des moyens pour arriver à cette égalité?

Oui, les principaux consistent à reporter sur les riches la masse des impôts qui accablent le pauvre et lui ôtent la plus grande partie du fruit de son travail *; à borner le droit d'hériter au cousin-germain, de ma-

---

* D'après les calculs faits par M. Desjardins, un ouvrier qui gagne 55 sous par jour, en donne 16 aux impôts.

nière que les parens (qui ne le sont que de nom), qui remplissent les huit autres degrés auxquels des droits sont dévolus par la loi actuelle, en soient privés, et que l'héritage devienne la propriété de l'état; — à frapper les successions de droits d'autant plus forts que les sommes auxquelles elles arriveraient monteraient plus haut, et que le degré de parenté serait plus éloigné ; — à établir une instruction générale que tous soient appelés à partager ; — enfin, à organiser le crédit de telle manière, qu'il soit établi partout des banques où chaque citoyen laborieux et vertueux, puisse emprunter du gouvernement ou des particuliers la somme qui lui est nécessaire pour fonder un établissement et arriver à acquérir de l'aisance.

LEÇON TROISIÈME.

DES DEVOIRS DE L'HOMME.

Quels sont les DEVOIRS *de l'homme?*

Les devoirs de chaque homme consistent à être laborieux, juste, vertueux, sobre, dévoué au service de quiconque a besoin de secours, et à suivre cette maxime d'éternelle justice : « NE FAITES PAS AUX AUTRES CE QUE VOUS NE VOUDRIEZ PAS QUI VOUS FUT FAIT. »

Que doit-on alors penser de l'homme qui, dans le monde, ne vit que pour lui seul?

Cet homme appartient à la classe dite des *égoïstes*, véritable fléau de la société. On s'est tant efforcé de diviser les hommes, qu'on a réussi à faire adopter à un certain nombre un intérêt tout différent de celui de leurs voisins. C'était le meilleur moyen d'opprimer les peuples; car pendant qu'on oppresse ou qu'on étrangle tel citoyen, les autres, qui disent ne rien sentir, sont indifférens à tout ce qui passe, pourvu qu'on ne les attaque pas eux-mêmes. Si, plus tard, on vient contr'eux, ils crient au secours, mais c'est en vain, leurs voisins disent à leur tour : « Ne bougeons pas, cela ne nous regarde pas » ; et la tyrannie peut ainsi, successivement, étendre sur tous son arbitraire ; tandis que lorsque chaque homme est disposé à se lever pour soutenir son voisin, tous sont inattaquables, et toute tyrannie est impossible. Nous avons donc dit, avec raison, que les égoïstes, les indifférens étaient le fléau de la société, et nous sommes la voix de la divinité, quand nous crions : « Honte et anathème sur ceux qui restent froids et immobiles à la vue des souffrances de leurs semblables. » — Jamais un égoïste ne sera républicain.

Les hommes n'ont-ils pas des devoirs réciproques à accomplir?

Oui, les hommes étant tous frères, doivent s'entr'aider dans tous leurs besoins, se protéger mutuellement, et veiller avec le plus grand soin à ce qu'aucun membre de la grande famille à laquelle ils appartiennent, quel que soit son état ou son opinion, ne soit en proie au besoin. Ils doivent enfin oublier toutes les haines, toutes les rivalités de pays, de professions, d'associations, pour se souvenir sans cesse qu'ils sont tous hommes libres et égaux, et qu'ils doivent toujours rester unis par les liens d'une amitié fraternelle.

D'après les principes que vous venez d'émettre, vous n'approuvez donc pas les querelles qui éclatent quelquefois entre les ouvriers de divers compagnonnages, ou entre les habitans de communes voisines?

Loin d'approuver ces luttes, nous les regardons comme fort déplorables, et désirons vivement pour l'honneur de l'humanité, qu'elles ne reparaissent jamais! est-il, en effet, rien de plus affligeant que de voir des hommes braves et honnêtes, se combattre sur une place ou sur une route où ils se sont rencontrés, et cela par l'unique motif que les uns appartiennent à une commune ou à une profession différente de celle des autres. Nous supplions tous les ouvriers, tous les habitans des campagnes d'éviter, d'empêcher à l'avenir de pareilles querelles; tous enfans d'une mère commune, la bienfaisante nature, ils doivent bien plutôt penser à se réunir qu'à se diviser.

Que les ouvriers réfléchissent aux avantages qu'ils retireraient d'une association générale! *l'union fait la force,* ils doivent le savoir. Eh bien donc, lorsqu'un corps d'état, lésé dans ses intérêts, aurait ses réclamations appuyées par des milliers d'autres voix ouvrières, n'est-il pas évident qu'elles seraient mieux écoutées? Mais qu'avons-nous besoin de le dire, les ouvriers lyonnais l'ont déja compris, dans une occasion toute récente (à propos de leurs couleurs) ; ils ont eu une réunion composée des délégués de tous les compagnonnages, afin de s'entendre sur les mesures à prendre pour arriver à les porter. — Nous les félicitons d'être ainsi entrés dans la bonne voie ; qu'ils continuent à y marcher, et qu'ils laissent à tout jamais de côté ces futiles susceptibilités d'ordres qui les avaient jusqu'à ce jour tenus divisés ? qu'ils oublient toutes les fois qu'ils auront besoin de se réunir, les noms de gavots, de cordonniers, d'indépendans, de menuisiers, etc., pour ne se souvenir que d'une chose, à savoir qu'ils sont tous frères, tous ouvriers, et que leur intérêt commun leur commande d'être unis.

LEÇON QUATRIÈME.

DES PRINCIPES, DES PRIVILÉGES ET DES

PRÉJUGÉS.

Vous nous avez plusieurs fois parlé de PRINCIPE, *expliquez-nous ce qu'on entend par ce mot !*

On entend par *principe*, une règle, une loi que l'on a adoptée pour base de sa conduite, qu'elle soit ou non suivie par d'autres hommes. On distingue — les principes de morale qui, en général, sont adoptés par tous ceux qui pratiquent la vertu. Le dévoûment envers ses semblables est un principe de morale. — En second lieu, les principes religieux qui sont reçus par une secte, et rejetés par l'autre, — enfin, les principes politiques : chaque parti a les siens. Les républicains, par exemple, adoptent tous le principe de la *souveraineté réelle du peuple* ; les carlistes, le principe de la *légitimité* ou du *droit divin* ; quant aux philippistes ou juste-milieu, nous ne pouvons dire quel principe ils suivent, parce qu'eux-mêmes ne le savent pas.

Tout homme honnête et franc qui veut être toujours en paix avec sa conscience, tout bon républicain enfin, ne doit jamais s'attacher qu'aux principes, parce qu'eux seuls sont éternellement invariables. Cependant, comme il faut qu'ils soient représentés par des hommes, le républicain suit ceux qui prennent cette charge, mais ne confond jamais le *principe* dans leurs propres personnes; par là, il est libre de les abandonner pour rester fidèle au principe, dès qu'il s'aperçoit qu'ils changent de conduite; d'où il résulte que, lorsqu'un ambitieux qui croyait avoir enchaîné à sa suite tout un peuple, veut user, pour détruire la liberté, de l'influence qu'il pense s'être acquise, il se trouve tout-à-coup isolé en face d'une multitude qui lui dit : « Nous ne voulons plus de toi, parce que tu as changé et que nous sommes restés les mêmes. »

On comprend alors que la fidélité aux principes empêche les révolutions qui ne sont, d'ordinaire, amenées que par la nécessité de renverser un homme ou des hommes parjures pour lesquels d'autres aveugles se sont imprudemment passionnés.

Qu'est-ce qu'un Privilége?

C'est un droit donné à quelques-uns, au préjudice et à l'exclusion de tous les autres.

Donnez-nous des exemples de priviléges?

La royauté, charge de l'état qui n'appartient qu'à une seule famille, sans pouvoir aller à d'autres, est le plus haut des priviléges actuels. Au-dessous, on trouve le droit d'être élu député, qui n'est dévolu qu'aux privilégiés qui paient 500 francs de contributions; ensuite, le droit d'élire les députés, qu'on n'a voulu accorder qu'à ceux qui paient un impôt de 200 francs. A chaque pas, dans notre société, on rencontre des priviléges : ce sont les agens de change, les courtiers de commerce, qui obtiennent du roi le privilége de faire seuls des transactions commerciales, au grand préjudice de la foule des négocians; les gouvernans eux-mêmes qui s'attribuent le privilége de fabriquer seuls le sel et le tabac, afin de vendre ces dons du ciel (envoyés pourtant par lui à tous les hommes), quatre fois au-dessus de leur valeur réelle: tout privilége n'a donc pour but que de favoriser un très petit nombre au préjudice des masses; or, ce but étant monstrueux, odieux et immoral, tous les priviléges, sans distinction, doivent être abolis.

Qu'est-ce qu'un Préjugé?

C'est une opinion que l'on reçoit et que l'on adopte comme sienne sans se donner la peine d'examiner si elle est juste ou mal fondée. Ainsi, il y a des préjugés fort absurdes qui se sont néanmoins, depuis des siècles, transmis de père en fils, jusqu'à nos jours.

Donnez-nous quelques explications sur les préjugés.

Il y a des préjugés moraux, religieux et politiques.
— En morale, le premier des préjugés est de se soumettre invariablement à ce qu'on appelle l'*opinion publique*, c'est-à-dire à l'opinion d'un certain nombre, loi fort ridicule devant laquelle on voit cependant fléchir bien des hommes qui se disent forts, mais qui ne sont en réalité que des esclaves. — Chacun doit se conduire suivant les seules lois de la justice et de la morale naturelle, et braver l'*opinion publique* pour tout ce qui n'est que conventions ou préjugés; car on voit souvent cette prétendue loi soutenir et répandre les plus graves erreurs; bien fou donc est celui qui s'en rapporte à elle! Prenons des exemples: êtes-vous riche, voulez-vous dépouiller toute sotte fierté, et vous promener avec un ami honnête, mais vêtu d'habits sales? vite l'opinion publique vous crie que vous avez tort de vous compromettre avec ce qu'elle appelle votre inférieur!... Voulez-vous vous marier? malheur à vous si vous avez assez de tact pour dédaigner l'or et pour aller chercher une épouse sensible et vertueuse dans une humble condition! l'opinion publique vous fait un crime de vous être *mésallié*; vos parens, vos amis, vous jettent la pierre; tout le monde vous fuit!... Voila ce que c'est que l'opinion publique. Mais nous voulons aller plus loin, et montrer l'injustice d'un préjugé généralement adopté. — Un jeune homme s'est fait une réputation de science et de probité que tout le monde reconnaît bien acquise: chacun s'empresse de rechercher son amitié, de lui prodiguer toutes sortes de soins. Tout-à-coup, un étranger arrive et raconte que le jeune homme est un bâtard!!! Tous les amis, si empressés quelques minutes auparavant, s'enfuient comme épouvantés, et le malheureux reste seul, seul! personne n'ose plus l'approcher!.... Pourtant, il est tout aussi honnête, tout aussi savant que les jours précédens, mais son père a commis la faute de le priver de son nom, cela suffit! *le péjugé et l'opinion publique ont parlé!....* Voila la moralité des arrêts de l'opinion publique; considérez leurs effets, voyez ensuite si la vertu et la justice ne vous ordonnent pas de les braver.

En politique, vous trouvez encore des jeunes hommes imbus de préjugés. Parlez-leur de la république qui a existé en France, ils en auront pour des heures à vomir des injures contre les actes et les hommes de ce temps. Demandez-leur s'ils ont étudié cette histoire? ils vous répondront que non. De qui tiennent-ils donc ce qu'ils savent? d'un vieux parent, homme ignorant ou tout-à-fait mal placé pour avoir rien pu juger, qui arrange tout suivant l'esprit de son parti ou d'après la faiblesse de son intelligence. Essayez de dire à ces jeunes hommes, qu'ils se trompent, que nous devons les plus grandes choses à la république, ils ne vous croiront pas, s'obstineront à garder leur opinion, et la transmettront intacte à leurs enfans!... Voila le préjugé politique.

Le préjugé religieux donnera une agonie épouvantable au chrétien qui songera qu'il va mourir et qu'il sera enterré dans une terre non bénie. Il ne voudra pas concevoir que Dieu le verra aussi bien là qu'ailleurs, et il s'imaginera qu'il suffit de cette circonstance, indépendante de sa volonté, pour le damner à jamais.

De tout ce que nous venons de dire, il faut donc conclure qu'on ne doit jamais recevoir une opinion toute faite sans s'assurer, autant qu'on le peut, si elle est bonne ou mauvaise, et qu'en tout cas on ne doit jamais refuser d'examiner en tout temps si on a tort ou raison de la conserver. Par-là, le danger des préjugés disparaîtra.

LEÇON CINQUIÈME.

DE LA PROPRIÉTÉ.

Qu'est-ce que la PROPRIÉTÉ ?
C'est le droit qui appartient à chaque homme de conserver ou d'aliéner à son gré les choses qu'il possède.
Ce droit doit-il être invariablement respecté ?
Non; et en voici les raisons. — Dans les premiers temps de la société, les terres et tous les objets qui pouvaient servir à la vie étaient la propriété de ceux qui s'en emparaient les premiers, ou qui étaient assez forts pour dépouiller les autres sans être à leur tour dépossédés. — Plus tard, la civilisation s'étant avancée il fut fait des lois, et comme les propriétaires s'étaient

portés seuls législateurs, ils décrétèrent le droit de propriété, c'est-à-dire de conservation d'une chose alors
possédée, et avec lui le droit de transmission héréditaire, d'abord forcé, puis volontaire (1). C'est à ce
dernier point que nous en sommes maintenant. Nous
avons dû, pour éviter tout bouleversement, maintenir
l'institution de la propriété que le passé nous apportait,
mais sans oublier, néanmoins, que c'était par l'usurpa-
tion qu'elle avait été établie dans l'origine, et au préjudice du plus grand nombre. — Nous disons donc que le
droit de propriété est garanti et sacré, tant que la société
n'a pas à en souffrir ; mais il cesse de l'être dès qu'il ne
peut plus subsister qu'au détriment de la masse. Ainsi,
un espace de terrain est la propriété de 50 citoyens. Il
est placé entre deux villes qui souffrent, faute d'avoir
entr'elles une communication rapide qui ne peut être
ouverte qu'au travers du terrain des 50 propriétaires.
— Doit-on respecter le droit de propriété au point de
rester privé de la route plutôt que d'entamer le terrain
de ces individus ? Eh non, sans doute ! la raison repous-
serait un si odieux privilége. On peut prendre tout le
terrain dont on a besoin, pourvu qu'on paie une indemnité suffisante pour la réparation du dommage causé.
— En réalité, le droit de propriété n'est plus aujourd'hui
qu'un droit d'exploitation (2) prélevé sur les terres, sur
l'argent, sur les divers objets qui servent à des travaux
quelconques. Or, il est inutile de conserver à la propriété
l'importance qu'elle a eue jusqu'à ce jour : les besoins

______

(1) Dans l'origine, le possesseur de terres était contraint de les céder, après sa mort, à *un seul* de ses héritiers, afin d'empêcher toute division du sol. Ce n'est que depuis la révolution de 89, que les propriétaires ont acquis le droit de donner à qui il leur plait, sauf la réserve
d'une part pour leurs enfans, lorsqu'ils en ont.

(2) Le droit *d'exploitation* ou d'exploiter, est celui de *faire valoir*. — Ainsi un propriétaire de biens-fonds les fait valoir en les
faisant cultiver par des fermiers qui, à titre de *ferme*, lui paient un
tribut sur les fruits qu'ils recueillent.— Un propriétaire de sommes
d'argent, les prête à un travailleur qui s'en sert pour acheter les ma-
tériaux qui lui sont nécessaires, et paie pour le service qui lui est
rendu, des intérêts annuels qui lui ravissent la plus grosse part de
son gain ; de telle sorte, que les propriétaires qui n'ont cessé de *se re-
poser*, exploitent non-seulement la chose qu'ils possèdent, mais encore
les fermiers ou les travailleurs par lesquels ils la font valoir !...

de l'industrie veulent, au contraire, qu'elle soit soumise aux mêmes lois que les autres objets d'exploitation, c'est-à-dire qu'il faut rendre la vente ou l'échange pour les biens-immeubles tout aussi faciles que pour les autres matières. Donc, nos lois actuelles sur la propriété ont toutes besoin d'être modifiées.

LEÇON SIXIÈME.

DE LA RELIGION.

Qu'est-ce qu'une RELIGION *?*

C'est le lien qui sert à unir des hommes qui ont les mêmes opinions sur Dieu, sur la morale et sur les principes qui doivent régler la vie. Ces hommes n'ayant tous qu'une seule et même loi qu'ils croient tenir de la divinité, s'empressent de s'y soumettre et font souvent par un sentiment religieux ce que les hommes réduits à leurs propres moyens de persuasion, seraient impuissans à leur faire exécuter.

Les religions ont-elles été utiles à l'humanité ?

Oui, il en est une surtout qui lui a rendu les plus grands services et à laquelle on doit le progrès auquel nous sommes parvenus. C'est la religion qu'on appelle *chrétienne.* Le Christ qui l'a apportée au monde arriva dans un temps encore barbare, et fut l'auteur d'idées toutes nouvelles. Ce fut lui qui posa les bases de la morale qui est presque universellement adoptée aujourd'hui, et comme ces idées devaient opérer une révolution dans l'état social qui régnait alors, le *révolutionnaire* à qui elles étaient dues fut mis à mort par les oppresseurs privilégiés de l'époque, aux droits desquels elles devaient porter atteinte. Cela ne les empêcha pas de se répandre et de fructifier partout. — Il en est de même à toutes les époques de l'humanité ; ceux qui apportent des idées qui doivent faire le bonheur du plus grand nombre, sont toujours persécutés par le petit groupe des hommes dont elles signalent les usurpations, et sont par eux désignés à la multitude comme des fous, des perturbateurs. Ainsi il en fut du Christ !..... — Toutes les améliorations demandées par la religion chrétienne sont en général obtenues ; il n'est plus besoin aujourd'hui de montrer aux hommes l'espoir d'un paradis et le tableau d'un enfer pour les rendre humains et vertueux. La mission du christianisme paraît donc achevée et comme l'humanité marche sans cesse, ce sont des idées plus récentes qu'il faut pour la guider.

Que doit-on penser des prêtres qui se disent les apôtres de la religion chrétienne ?

Qu'ils ont beaucoup contribué à en amener plus promptement la ruine ! L'hypocrisie dont ils se sont couverts n'a pas suffi pour dérober aux yeux du monde les vices, les intrigues, les turpitudes de toutes sortes auxquels le plus grand nombre d'entr'eux s'est livré. — Les papes, chefs de l'Eglise, en devenant les plus cruels et les plus détestables des tyrans, ont montré que cette prétendue religion, dont ils étaient les premiers à violer tous les principes, n'était qu'un moyen employé pour abrutir et asservir les peuples assez ignorans pour s'y soumettre ; et il est bien reconnu maintenant que les prêtres ne songent, pour la plupart, qu'à faire métier et marchandise de leur ministère.

N'est-il donc plus de religion à laquelle on doive se soumettre ?

Si. — Il en est une véritable, invariable que tous les hommes doivent suivre. C'est la RELIGION NATURELLE. — *Aimer* DIEU, *auteur de toutes choses*, voila son dogme : *Aimer son semblable plus que soi-même*, voila sa loi. — C'est dans son cœur et sa conscience que chaque homme en célèbre glorieusement le culte, sans doute plus agréable à l'ETRE-SUPRÊME que celui que les prêtres chrétiens lui rendent par les plus bizarres cérémonies. — La religion naturelle est donc suffisante pour satisfaire le sentiment religieux de chacun, et pour lier tous les hommes dans le plus grand intérêt de l'humanité en général.

Dites-nous quelle règle de conduite les gouvernemens doivent suivre vis-à-vis des religions ?

Ils doivent les respecter et les faire respecter toutes, sans distinction ; mais ils doivent veiller à ce qu'elles ne servent jamais de prétexte à des actes politiques. — Ni les unes ni les autres ne doivent rien coûter à l'état, parce qu'il est extrêmement injuste de faire payer à un citoyen les appointemens des prêtres d'une religion qui n'est pas la sienne ; chaque portion de religionnaires doit payer les ministres de son culte.

N'est-il pas monstrueux , par exemple, que le clergé catholique coûte chaque année à lui seul , aux contribuables français , trente-trois millions neuf cent mille francs , sans compter les abonnemens, redevances et oblations des fidèles , le casuel , et les indemnités et allocations accordés par les départemens et les communes.

LEÇON SEPTIÈME.

DE LA SOCIÉTÉ, DE LA LOI, ET DU GOUVERNEMENT.

Qu'est-ce qu'une SOCIÉTÉ ?

C'est la réunion plus ou moins forte d'un nombre d'hommes qui mettent leurs intérêts privés en commun, et composent par là un trésor de bonheur public où chaque citoyen puise son bonheur particulier. — Tous les habitans d'un pays ayant les mêmes usages , la même langue peuvent se réunir et former dès-lors ce qu'on appelle une *société* ou une *nation*.

Comment cette réunion d'hommes peut-elle se maintenir et devenir durable ?

Par des liens généraux qu'on nomme LOIS , et qui forment une règle , expression de la volonté générale, à laquelle tous les membres sont tenus de se conformer.

Quel est l'objet et quel est le caractère de la loi ?

Son objet est de maintenir la vie, la liberté, l'honneur, la personne et la propriété de chacun, par une protection *égale*, uniforme et commune ; son caractère c'est d'être librement consentie *par tous* afin que tous la considèrent comme obligatoire et l'exécutent. Si le consentement de tous ne peut être obtenu, le plus petit nombre est lié par le consentement du plus grand. — En tout cas, la nation, qui a le pouvoir de faire , de consentir la loi, peut aussi la changer quand il lui plaît.

Est-ce assez, pour qu'elle puisse subsister , qu'une nation ait des lois ?

Non , il faut encore en faire chaque jour de nouvelles et veiller à l'exécution de toutes. Or, la nation tout entière ne peut se charger de ce soin. Elle est donc forcée de confier à quelques-uns de ses membres les pouvoirs qui lui appartiennent SOUVERAINEMENT. Ces membres réunis composent le GOUVERNEMENT.

De ce qu'elle est obligée de subir cette nécessité, il ne s'en suit pas que les premiers venus, se présentant avec tel ou tel prétendu titre, aient le droit d'usurper le gouvernement. Il faut, au contraire, bien comprendre que nul ne peut s'imposer à la nation; que le droit de la gouverner ne peut résulter que du consentement librement donné par elle, et que ce n'est que par le fait de ce consentement qu'il s'établit entre les gouvernans et les gouvernés un engagement semblable au contrat de mariage ou au contrat qu'on passe avec une personne qu'on charge du soin de ses intérêts. L'accord le plus parfait doit toujours subsister entre les contractans. Dès qu'il cesse, la nation y remédie en changeant les chefs qu'elle s'était donnés, comme un marchand change les chefs de ses ateliers, comme un propriétaire change ses fermiers. — La règle est absolument la même, et n'est que la conséquence de cette maxime avancée en 1788, dans le parlement de Paris par un de ses membres, savoir : « *Les magistrats, comme magistrats, n'ont que des devoirs : les citoyens seuls ont des droits.* »

A quelles conditions tout gouvernement doit-il exister ?

Il doit, 1° Posséder l'assentiment de la majorité de la nation ;

2° Avoir pour but la félicité publique ;

3° Exister pour l'intérêt de ceux qui sont gouvernés et non de ceux qui gouvernent ;

4° Protéger les droits et prescrire les devoirs ;

5° N'être jamais que le fidèle exécuteur de la volonté de la société dont il est le délégué.

Les principes que vous venez d'émettre sont-ils observés dans la société actuelle ?

Nous n'hésitons pas à répondre que non. Et tout d'abord, chacun sait qu'un grand nombre des lois qui nous régissent, manquent du caractère qui peut seul les rendre sacrées, celui du *consentement* général. En effet, à partir du consulat de Bonaparte (1799) jusqu'à la fin de son règne (1815), toutes les lois qui ont été promulguées (les codes exceptés) n'ont été, pour ainsi dire, consenties que par lui seul et imposées à la France sous la forme de décrets consulaires ou impériaux. — Sous la restauration, le consentement donné aux lois, n'a été aussi qu'une insolente fiction, et sous le régime actuel même, il est loin d'être suffisant. Il ne s'en suit pas de là que toutes ces lois soient mauvaises et qu'on doive refuser de les observer : non, sans doute, mais en même temps qu'on se soumet à leurs dispositions pénales, il est du devoir de tout citoyen de travailler à obtenir pour les lois futures l'admission du principe de l'assentiment général donné par le peuple lui-même ou par ses véritables représentans, comme indispensable condition de leur validité, de signaler à l'opinion publique les lois actuelles jugées mauvaises et d'en demander l'annulation ; de suivre enfin ce précepte de J. J. Rousseau, qui dit que : « Lorsqu'une loi est abusive, les citoyens doivent, en la transgressant, lui donner l'occasion de sévir contre eux ; car plus elle sera appliquée souvent et mieux ressortira aux yeux de tous, aux yeux du juge lui-même, le vice qui en doit amener l'abrogation. » — En second lieu, la souveraineté ne réside pas dans notre nation, et enfin, on ne peut pas dire *légalement*, que le gouvernement qui nous régit, a l'assentiment général, puisque les citoyens n'ont jamais été consultés sur cette question. Nous laissons au bon sens public le soin d'examiner s'il remplit mieux les autres conditions que nous avons posées.

Une nation doit-elle, en tout état de choses, respecter le gouvernement qui la dirige ?

Non. — Elle lui doit obéissance tant qu'il est soumis lui-même *à la loi de justice*, parce qu'alors il est nécessaire au maintien des droits de tous ; mais sitôt qu'il viole les droits des citoyens, qu'il ne fait plus tourner sa force qu'à son propre profit, l'article 35 de la Constitution de l'an II nous le dit : « *L'insurrection est alors* « *pour le peuple, et pour chaque portion du peuple*, LE « PLUS SACRÉ DES DROITS ET LE PLUS INDISPENSABLE DES « DEVOIRS. ».

Existe-t-il pour la société plusieurs manières de composer son gouvernement ?

Oui. — Les sociétés modernes nous en offrent encore trois espèces, savoir : *la monarchie absolue, la monarchie constitutionnelle et la république.* Nous allons développer successivement ces trois formes de gouvernement et démontrer quelle est la meilleure.

LEÇON HUITIÈME.

DES DIVERSES FORMES DE GOUVERNEMENS.

Expliquez-nous ce que c'est qu'une monarchie ABSOLUE.

C'est le gouvernement d'une nation par *un seul* homme, qui dit posséder son pouvoir en vertu du *droit divin*, c'est-à-dire qui se donne comme ayant reçu de DIEU la mission de gouverner le pays à la tête duquel il s'est placé. Ce monarque ne connaît d'autre règle de conduite que sa volonté, bonne ou mauvaise; il appelle les habitans du pays *ses sujets*, *son peuple;* il en fait chasser ou mettre à mort, tant qu'il lui plaît; ils sont bien heureux quand il ne leur ravit pas par l'impôt la plus grande partie de leurs moyens d'existence. Pour éviter toute inutile représentation, et réfuter d'avance toutes les objections, il met dans toutes les lois : « Nous (un tel), *par la grâce de Dieu*, roi de, etc., or- « donnons qu'il soit fait telle chose, *car tel est notre* « *bon plaisir.* » Et tous les nationaux doivent se trouver fort heureux d'exécuter le *bon plaisir* du presque divin monarque. — Du reste, le roi absolu fait à ses humbles sujets l'honneur de les considérer comme sa *propriété.* Lorsqu'il meurt, son fils aîné, fût-il un marmouset de 3 ans ou le plus imbécille des jeunes gens, *hérite* du pays et des hommes qui l'habitent, comme si c'était d'un parc et des bestiaux qui y paissent.

C'est ainsi que la Russie, l'Espagne, le Portugal, etc. sont gouvernés.

Qu'est-ce qu'une monarchie CONSTITUTIONNELLE ?

Les Anglais d'abord, et les Français ensuite, ayant trouvé fort mauvais d'être conduits en esclaves par un seul homme, perdirent tout-à-coup patience, et punirent les crimes des tyrans qui régnaient alors sur eux, en faisant juger et mettre à mort leurs auteurs.

Ceci arriva en Angleterre, en 1649 ; en France, en 1793. — Les rois qui se présentèrent ensuite pour obtenir le trône, sentirent bien que les peuples ne leur permettraient jamais d'y monter aux mêmes conditions qu'autrefois. C'est pour cela que sans cesser de se dire les envoyés de Dieu, ils voulurent bien céder aux nations une portion du pouvoir que leurs prédécesseurs avaient exercé, et se soumettre eux-mêmes à une loi appelée CONSTITUTION OU CHARTE. C'est ce qui fit la *monarchie constitutionnelle*, c'est-à-dire la monarchie soumise à une constitution. — Dans cette forme de gouvernement, le roi transmet le pouvoir à ses descendans ; il est le *chef suprême* de l'état ; à lui seul appartient le pouvoir exécutif ; il commande les forces de terre et de mer, — ordonne la guerre ou la paix, nomme à tous les emplois d'administration publique, etc., etc. ; et malgré l'importance de ces fonctions, et le besoin que la nation a de les voir sagement exercer, elle ne peut jamais demander au roi compte de sa conduite : *sa personne est inviolable et sacrée*, parce qu'il est entendu (tâchez de comprendre ceci) que lorsqu'on dit : « Le « roi dit, le roi ordonne, » ce n'est qu'un mensonge que l'on profère ; on veut dire les ministres, *par la bouche du roi*, ont dit telle chose ; les ministres, *sous le nom du roi*, ont ordonné tel acte. C'est que dans une monarchie constitutionnelle, les ministres, que le roi choisit, sont (en droit seulement, c'est-à-dire en projet) déclarés responsables ; ils font tout, le roi lui-même ne fait rien : il n'est placé là que pour la forme. Il semble qu'on ne lui permet que de dépenser à son gré les millions qu'on lui donne chaque année sous le nom de *liste civile* : aussi, Napoléon disait-il « *qu'un* « *roi constitutionnel n'avait toujours été considéré par* « *lui que comme un cochon à l'engrais.* » — Dans le gouvernement dont nous parlons, le pouvoir de faire les lois (et c'est là qu'on trouve quelque différence entre lui et le gouvernement absolu) appartient à trois corps, savoir : la royauté, la chambre des pairs et la chambre des députés des départemens. Pour qu'une loi soit valable, il faut qu'elle ait été approuvée et reconnue bonne par ces trois pouvoirs. Or, les pairs sont nommés par le roi, les députés sont pris parmi un petit nombre de *privilégiés*, qui, en France, paient cinq cents francs au moins de contributions ; d'où il suit que le roi et les pairs pouvant bien être considérés comme ne faisant qu'un et avoir un intérêt particulier opposé à celui des députés, il peut arriver qu'ils refusent de reconnaître comme bonne une loi proposée par ces derniers, et qui devrait néanmoins être fort utile. Mais les députés eux-mêmes n'étant nommés que par 150 mille autres individus auxquels ce privilége n'est accordé que parce qu'ils paient 200 fr. de contributions, il est clair qu'ils ne représentent que leurs 150 mille mandataires pour lesquels ils font d'abord les lois, sans s'inquiéter souvent des intérêts des trente-un millions huit cent cinquante mille habitans qui ne sont représentés par personne. N'est-ce donc pas une dérision de prétendre qu'une nation, dont les pouvoirs dirigeans sont ainsi constitués, a un gouvernement représentatif! — Enfin, en supposant que les députés, qui mieux que les autres pouvoirs peuvent connaître les besoins des populations, résistent tous aux offres d'argent, d'honneurs, d'emplois que la monarchie leur fait pour les corrompre, et qu'ils adoptent une loi populaire que les pairs consentent à approuver aussi, il suffit qu'elle déplaise au roi pour qu'elle ne soit pas validée, et pour que tout le pays continue à supporter les souffrances qu'elle pouvait faire cesser. Le roi déclare alors « *qu'il s'avisera*; » ce qui veut dire qu'il rejette la loi : et pourtant, ce n'est que son intérêt, c'est-à-dire celui d'un seul homme qui l'emporte sur l'intérêt d'un bien grand nombre. — En résumé, dans une monarchie constitutionnelle, on trouve un roi tout-à-fait inutile au pays, puisqu'il ne fait rien que manger l'argent qu'on lui donne ; très nuisible, au contraire, en ce sens qu'il restreint à son profit les libertés publiques, et ne fait qu'opposer sans cesse une barrière aux progrès de la civilisation ; on y trouve enfin quelques hommes qui ont le privilége de s'occuper seuls des affaires et soumettent à leurs caprices l'immense majorité de la nation.

La France et l'Angleterre sont les deux pays où sont établies des monarchies constitutionnelles. Il faut être bien arriéré pour les féliciter d'un pareil bonheur!

Qu'est-ce qu'une RÉPUBLIQUE?

A proprement parler, ce n'est pas une forme particulière de gouvernement, c'est seulement le caractère du but ou de l'objet pour lequel le gouvernement doit être établi et auquel il doit être employé. — Le mot latin : RES PUBLICA, qui signifie littéralement la *chose pu-*

blique, soit les affaires publiques ou le bien public, indique que dans ce gouvernement on ne s'occupe que de l'intérêt *de tous*, tandis que les mots grecs *monos arké* dont on a fait *monarchie*, et qui signifient pouvoir, intérêt *d'un seul*, font tout de suite comprendre qu'il s'agit uniquement dans une monarchie de l'intérêt d'un seul homme. — Un gouvernement républicain n'est rien autre chose qu'un gouvernement établi et dirigé pour l'intérêt de chaque citoyen en particulier et de tous les citoyens en général. C'est la nation entière qui est maîtresse du pouvoir, mais comme il n'est plus possible de la réunir chaque jour sur une place publique pour connaître sa volonté, c'est la forme *représentative* que l'on a adoptée préférablement à toute autre pour arriver à la direction générale des affaires du pays. En d'autres termes, c'est à des délégués de *la totalité* des citoyens, devenus par là les représentans de la nation, que le *pouvoir législatif* et le *pouvoir exécutif* sont confiés. Ceux-là seuls pourraient dire qu'ils gouvernent en vertu du *droit divin*, car ils tiennent leur pouvoir du peuple et *la voix du peuple est la voix de* Dieu.

Ce genre de gouvernement, le seul juste, le seul avec lequel les droits de l'homme soient respectés, existe depuis long-temps dans toute l'Amérique, où les habitans l'ont établi après avoir secoué subitement le joug le plus tyrannique et soutenu pendant quinze années une guerre acharnée pour assurer leur indépendance; ce qui n'a pas empêché à leur république de devenir très solide et très florissante.

LEÇON NEUVIÈME.

AVANTAGES DE LA RÉPUBLIQUE SUR LA MONARCHIE.

Expliquez-nous quelques-uns des avantages de la république sur la monarchie ?

Comme nous tenons infiniment à convaincre tous les hommes de bonne foi, notre opinion personnelle serait auprès d'eux d'un trop faible poids pour que nous espérions réussir en la leur présentant. Nous citerons donc celle de plusieurs hommes dont la vie, l'expérience et la haute supériorité politique, réduiront au silence tous les petits champions monarchistes.

Thomas PAINE, dans son traité *Des Droits de l'homme*, dit :

« De toutes les formes de gouvernement, la forme monarchique est celle qui est la plus susceptible d'exclure la sagesse. L'esprit vraiment démocratique ne s'est jamais soumis volontairement à être gouverné par des enfans ou par des imbécilles, ni par toutes les nuances extravagantes de caractères qui accompagnent un système aussi stupide, qui fait la disgrace et la honte de la raison et de l'homme.

« C'est la simple *démocratie* (1) qui fournit la *vraie* base sur laquelle on peut asseoir un gouvernement d'une *vaste* étendue, capable d'embrasser et de réunir tous les différens intérêts, l'étendue de territoire et la population, quelque nombreuse qu'elle puisse être; et cela avec des avantages aussi supérieurs au gouvernement hériditaire, que la république des lettres est supérieure à la littérature héréditaire.

« Une nation a un centre commun où aboutissent les rayons, et ce centre est formé par la représentation. Réunir la représentation avec ce qu'on appelle monarchie, c'est faire un gouvernement extravagant. La représentation est elle-même la monarchie déléguée d'une nation, et ne saurait s'abaisser à la partager avec une autre.

« Il faut que nos yeux soient fermés à la raison, il faut que notre esprit soit singulièrement dégradé pour ne pas nous apercevoir de la folie de ce qu'on appelle une monarchie; la nature met de l'ordre dans tous ses ouvrages, mais c'est une forme de gouvernement contre nature. Elle renverse sens dessus dessous les progrès des facultés humaines. Elle assujettit les hommes à être gouvernés par des enfans, et la sagesse à être dirigée par la folie. »

Le célèbre MONTESQUIEU, qu'on a voulu faire passer pour monarchiste, reconnaît, dans son 9ᵐᵉ livre de *l'Esprit des lois*, que : « l'esprit de la monarchie est

---

(1) Le mot *démocratie* signifie pouvoir du peuple.— *Aristocratie* veut dire, pouvoir des riches, des puissans

la guerre et l'agrandissement, tandis que l'esprit de la république est la paix et la modération. » Ailleurs, il fait un triste mais bien fidèle portrait des cours et des vices qu'elles entretiennent : « L'ambition dans l'oisiveté, dit-il, la bassesse dans l'orgueil, le désir de s'enrichir sans travail, l'aversion pour la vérité, la flatterie, la trahison, l'abandon de tous ses engagemens, le mépris des devoirs du citoyen, et plus que tout cela, le ridicule perpétuel jeté sur la vertu, forment le caractère du plus grand nombre des courtisans, marqué dans tous les lieux et dans tous les temps. La vertu, ajoute-t-il, est si peu le ressort du gouvernement monarchique, que le cardinal Richelieu insinue que s'il se trouve dans le peuple un malheureux honnête homme, le monarque doit se garder de s'en servir. »

Le vénéré philosophe DESTUTT DE TRACY déclare « qu'un roi n'est qu'un être parasite, un rouage superflu au mouvement de la machine gouvernementale dont il ne fait qu'augmenter les frottemens et les frais ; qu'il ne sert à rien du tout qu'à remplir une place funeste à la tranquillité publique, dont tout ambitieux voudrait s'emparer, si elle n'était pas déja occupée, parce qu'on est accoutumé à la voir exister ; mais que si on n'avait point cette habitude ou si on pouvait la perdre, il est évident qu'on n'imaginerait pas de créer une place dont l'existence et l'influence sont si vicieuses. »

« Pour les hommes qui ne réfléchissent pas, ajoute-t-il, et c'est le plus grand nombre, il n'y a d'étonnant que ce qui est rare ; ainsi, tel qui se croirait fou s'il déclarait héréditaires les fonctions de son cocher ou de son cuisinier, ou s'il s'avisait de substituer à perpétuité la confiance qu'il a dans son avocat et dans son médecin, en s'obligeant lui et les siens à n'employer jamais en ces qualités que ceux que lui désignerait l'ordre de naissance, encore qu'ils fussent enfans ou décrépits, fous ou imbécilles, maniaques ou déshonorés, trouve tout simple d'obéir à un souverain choisi de cette manière, et cela uniquement parce qu'il sait qu'en beaucoup d'endroits on agit ainsi. — Il faut de toute nécessité que la monarchie héréditaire, pour être affermie, étouffe le principe de la souveraineté nationale ; il en résulte donc une lutte qui ne peut finir que par l'esclavage du peuple ou la chute du trône. Espérer liberté et monarchie, c'est espérer deux choses dont l'une exclut l'autre. Bien des monarques et même des citoyens peuvent l'avoir ignoré, mais cela n'en est pas moins vrai, et c'est actuellement une chose bien connue, surtout des souverains. »

Le vertueux abbé MABLY dans son livre sur les *droits et les devoirs des citoyens*, affirme que « tout gouvernement où les magistratures sont héréditaires ou même seulement à vie, est diamétralement opposé à la fin que doit se proposer la société ; qu'il renferme nécessairement un vice radical qui gâte, infecte et corrompt toutes les institutions particulières, quelque bonnes qu'elles puissent être. » Et pressant les conséquences de sa proposition, il démontre que « partout, dans tous les temps, c'est le pouvoir héréditaire ou simplement à vie qui a changé en despotisme et en tyrannie le pouvoir le plus étroitement limité ; qu'en entassant précautions sur précautions, on ne peut empêcher que le magistrat éternel n'abuse de sa puissance ; qu'avant peu, si les citoyens ne lui désobéissent, il ne *fasse lui-même violence aux lois !...* ; que les droits qu'on lui aura accordés lui serviront à usurper ceux qu'il ambitionne ; qu'enfin, des citoyens seront bientôt assez imbécilles pour oublier leur dignité et se croire en effet inférieurs à lui, qu'alors ils échaufferont ses passions par leurs bassesses, leurs complaisances et leurs flatteries ! »

Prend-on le *Contrat social* de *Jean-Jacques* ROUSSEAU, on y lit : « qu'un défaut essentiel et inévitable qui mettra toujours le gouvernement monarchique au-dessous du républicain, c'est que dans celui-ci la voix publique n'élève jamais aux premières places que des hommes éclairés et capables qui les remplissent avec honneur : au lieu que ceux qui parviennent dans les monarchies ne sont le plus souvent que de petits brouillons, de petits fripons, de petits intrigans, à qui les petits talens qui font dans les cours parvenir aux grandes places, ne servent qu'à montrer au public leur ineptie aussitôt qu'ils y sont parvenus ; que le peuple se trompe bien moins sur ce choix que le prince et qu'un homme d'un vrai mérite est presqu'aussi rare dans le ministère d'un monarque qu'un sot à la tête d'un gouvernement républicain. »

Enfin, le probe, l'austère *Thomas* JEFFERSON (1), ex-président de la république des États-Unis, pénétré d'une calme indignation, s'écrie dans une lettre qu'il écrit au colonel Humphreys : « Il faut assiéger constamment le trône du ciel d'une fervente prière pour la complète destruction de cette classe d'animaux carnassiers à face humaine, lions, tigres et Mammouths, qu'on appelle rois. — Périsse celui qui ne dira pas : Seigneur délivrez-nous de ce mal!.... »

Voila ce que pensent de la monarchie six des plus célèbres philosophes que le dix-huitième et le dix-neuvième siècle aient produits ! Voila quel a été le résultat de leurs longues méditations sur cette matière!.... Nous croyons pouvoir le dire, quelque colère que les monarchistes ressentent de voir exprimer d'aussi consciencieuses opinions, il n'en est pas un, si envieux qu'il soit de faire du bruit, qui ose essayer de réfuter de pareils maîtres, parce qu'il sait bien qu'il n'exciterait que la pitié.... Ne serait-il pas beau voir en effet discuter encore en faveur de la théorie de l'hérédité monarchique, alors que des peuplades africaines qu'on appelle *sauvages* nous prouvent par leur exemple, combien nous sommes arriérés ! — C'est un fait. Chez les *Trazas*, Maures qui habitent le grand désert de Sahara, la couronne se transmet de père en fils, mais si l'héritier direct est déclaré ou reconnu *incapable*, il est inhabile à succèder : c'est le prince qui annonce le plus d'heureuses dispositions et se fait le plus remarquer par son courage qui est proclamé roi. — Que la France vante tant qu'elle voudra sa civilisation et ses lumières, elle aura toujours à rougir d'avoir été dévancée dans la route des idées justes, par de prétendus barbares!...

Que doit-on penser du dogme de l'inviolabilité sous la sauve-garde duquel on place ordinairement la monarchie ?

Qu'il est absurde, et si bien reconnu pour tel que toutes les fois que les peuples se sont mis en train de se faire justice, ils ne s'y sont jamais arrêtés. Charles 1er, roi d'Angleterre, Ferdinand VII, roi d'Espagne, Louis XVI, Charles X, rois de France, étaient par les constitutions dé-

____

(1) Tome 1er de ses *Mémoires*, page 306.

clarés inviolables; ils n'en ont pas moins subi la colère des peuples. C'est que pour faire admettre l'inviolabilité, il faut avoir fait reconnaître l'irresponsabilité, et cette dernière fiction est trop mensongère pour que le bon sens populaire ait consenti à s'y soumettre. Les gouvernés ne peuvent pas comprendre qu'un roi qu'ils savent très bien être le moteur véritable de la machine gouvernementale, rejette sur des ministres innocens, la responsabilité de ses actes; c'est toujours à lui-même qu'ils s'en prennent, et ils ont raison; agir autrement serait immoral, car chacun ici-bas doit répondre de ses actions et subir la punition de ses propres fautes.

Les avantages de la république sur la monarchie, sous le rapport moral et philosophique se trouvant clairement démontrés, il nous reste à parler de ses avantages par rapport à l'égalité civile et aux intérêts matériels.

LEÇON DIXIÈME.

SUITE DES AVANTAGES DE LA RÉPUBLIQUE SUR LA MONARCHIE.

Dites-nous comment la monarchie détruit le principe de l'ÉGALITÉ ?

L'égalité n'existera jamais sous une monarchie, parce que celle-ci ne pouvant subsister sans l'appui d'une *aristocratie* quelconque, ne manquera pas de créer une caste de privilégiés qu'elle forcera par l'appât d'un intérêt constant, à la soutenir. C'est là un fait bien reconnu maintenant, mais pour aller au-devant de toutes dénégations et les rendre impossibles, nous allons en produire une preuve authentique que personne ne pourra récuser. Louis XVIII, roi constitutionnel, grand *octroyeur* de liberté, dans son ordonnance du 19 août 1815, par laquelle il rend héréditaire la dignité de pair, en expose ainsi les motifs :

« Louis, *par la grace de Dieu*, roi de France, etc., voulant donner
« à *nos peuples* un nouveau gage du prix que nous mettons à fonder
« de la manière la plus stable, les institutions sur lesquelles repose
« le gouvernement que nous leur avons *donné*, et que nous regar-
« dons comme le seul propre à faire leur bonheur ; convaincu que

« rien ne consolide plus le *repos des états que cette *hérédité* des
« sentimens qui s'attache dans les familles à *l'hérédité* des hautes fonc-
« tions publiques, et qui crée ainsi une suite non interrompue de
« *sujets*, dont la fidélité et le dévoûment au prince et à la patrie sont
« garantis par les principes et les exemples qu'ils ont reçus de leurs
« pères : à ces causes, etc. »

Il est donc bien avéré que toutes les monarchies *ont besoin* d'une aristocratie. Ne soyons pas étonnés, dès-lors, de les voir toujours entourées d'une tourbe de vils courtisans et d'intrigans avides, engeance parasite et fainéante à laquelle elles jettent sans cesse pour pâture l'or si péniblement amassé par le pauvre peuple. — Pour que ce mal cesse et que *l'égalité* puisse s'établir, il faut donc qu'il n'y ait point de monarchie.

Quels avantages présenterait à la France l'établissement d'une république à la place d'une monarchie par rapport aux finances ?

Les avantages seraient immenses. — L'aristocratie étant détruite, on verrait à la direction des affaires, des hommes qui ne travailleraient ni pour eux, ni pour leurs parens et amis, mais bien pour le peuple qui les aurait placés. Dès lors, on ne trouverait plus, comme maintenant, de prétendus obstacles s'opposant à la diminution des impôts. On n'entretiendrait plus grassement une foule de fonctionnaires inutiles; l'honneur et la considération publique étant les premières récompenses des fonctionnaires indispensables, les gros traitemens seraient considérablement diminués, et les places cesseraient d'être un objet de spéculation. — Toutes les dépenses publiques étant soumises à un sévère contrôle, on ne verrait plus le scandale de ces marchés accordés par un ministre à tel de ses amis pour relever sa fortune dissipée. Le pays ne se verrait pas iniquement ravir d'un seul coup, *deux millions*, comme on l'a vu il y a quelque temps, dans le marché des fusils anglais; des pensions ne seraient plus données uniquement *par faveur ;* enfin, toutes ces dilapidations de la fortune publique, contre lesquelles le peuple proteste vainement, cesseraient tout-à-fait. — D'autres abus non moins énormes disparaîtraient également. — Par exemple, on ne paierait plus chaque année, *douze millions* à un roi devenu inutile, *un million* à un prince royal ; près de *dix millions* à huit ministres, à leurs chefs de bureaux, directeurs et employés; et comme on a compté que douze millions suffisent pour la subsistance de quarante mille Français, un million pour celle de trois mille huit cent quarante, dix millions pour celle de plus de trente-sept mille; il résulterait de la juste suppression de la plus grande partie de ces sommes, qu'on aurait fourni des moyens de subsistance à au moins *quatre vingt-six mille* Français. Qu'on réfléchisse à la multitude des autres économies que l'on pourrait faire, et on ne pourra s'empêcher de convenir que les impôts qui pèsent sur tous les citoyens, ne puissent alors être considérablement diminués, sans que la marche des affaires ait le moins du monde à en souffrir.

Y a-t-il possibilité de voir subsister à la fois, dans le même pays, la monarchie et la liberté?

Non, l'alliance de ces deux principes contraires est impossible, et ceux qui l'ont voulu établir sont des rêveurs irréfléchis, ou plutôt des fourbes qui espèrent à l'aide de mots, parvenir à tromper les peuples. — *Monarchie et liberté* ne peuvent marcher ensemble, parce que, puissances rivales, elles tendent sans cesse à se détruire, et tôt ou tard il faut que l'une des deux succombe. (1) L'histoire est là pour nous servir de preuve; elle nous montre les rois luttant toujours contre les peuples pour étendre leur puissance au détriment des libertés publiques, et demeurant tantôt vainqueurs, tantôt vaincus. Ainsi, en Angleterre, Henri VIII; — en France, Louis XI, ravissent à ces deux peuples toutes leurs libertés et se signalent pendant de longues années par la tyrannie la plus atroce, sans encourir de punition. Plus tard, il n'en est pas de même; le peuple anglais reste maître dans la lutte engagée entre lui et Charles Ier, le peuple français triomphe des menées de Louis XVI, et les *deux traîtres* expient par la mort, leurs tentatives liberticides. Mais, des faits récens, connus de tous et que nous avons le droit de rappeler, parce qu'ils sont aussi de l'histoire, rendront bien plus palpables ces vérités. — Restons en France, et prenons pour exemple *Louis-Philippe*, roi régnant. Tout le monde sait qu'il n'est monté sur le trône qu'à de certaines conditions désignées sous le nom de *Programme de l'Hôtel-de-Ville*, qu'il dé-

(1) Voyez page 55, ce que Destutt de Tracy dit à ce sujet

clara accepter de grand cœur, et que si la France se laissa alors imposer le nouveau roi , c'est qu'il était bien entendu que ce serait *une monarchie entourée d'*INSTITU-TIONS RÉPUBLICAINES. Le 9 août 1830 , Louis-Philippe jura d'observer *fidèlement* la nouvelle charte, de ne gouverner que par les lois et *selon les lois*, et d'agir en toute chose dans la seule vue de l'*intérêt*, du bonheur et de la *gloire* du peuple français » Eh bien, qu'est-il arrivé ? Louis-Philippe n'a pu tenir aucune de ses promesses. A l'aristocratie *nobiliaire* qui n'a point voulu de lui, il a substitué une aristocratie plus platte, plus vile, plus abjecte encore, celle de l'*argent*. Il s'est entouré des hommes riches, a flatté leur orgueil, satisfait leur avarice, et leur a voulu persuader qu'ils étaient perdus s'il tombait. — Tous les patriotes ont été mis de côté et la direction des affaires a été confiée aux ennemis de la liberté et de la révolution. — Le 25 décembre 1830 , (cinq mois après juillet), LAFAYETTE sentant l'énormité de sa faute, et voulant se mettre en paix avec sa conscience bourrelée de remords, déclarait déja au roi : « *qu'il voyait la liberté* MENACÉE, COMPROMISE, *et que, ne voulant tromper personne, il donnait sa démission* de lieutenant-général des gardes nationales ». L'*intérêt*, la *gloire* du peuple français ont été laissés de côté pour faire place à l'intérêt *de dynastie.* Les Polonais, les Belges, les Italiens, les Allemands, ont été sacrifiés à des despotes avec lesquels on s'est allié. La France a été maudite par tous les peuples qui l'environnent !.... — Quelques mois après, il a été prouvé que le roi, laissant de côté toute fiction constitutionnelle, *gouvernait seul*, et pourtant la charte l'a déclaré *non-responsable* et *inviolable.* —Il a soutenu lui-même qu'il ne savait ce qu'on entendait par le *Programe de l'Hôtel-de-Ville*, que ce n'était autre chose qu'une absurdité, qu'une rêverie !... — Tous les journaux du pouvoir ont traité de même la promesse d'une *monarchie entourée d'institutions républicaines* !... Plusieurs fois, la charte a été indignement *violée* !... — On a proclamé à la tribune nationale un système de prostitution et de brutalité qu'on suit déja, mais dans lequel on veut entrer bien plus ouvertement. — La liberté individuelle a été méconnue. — Au mépris de toutes les lois, on a emprisonné la duchesse de Berry, et on s'est permis de la relâcher, le tout sans jugement.

On a laissé venir à Paris son époux qu'une loi toute récente bannit de France. — Enfin l'intérieur des villes a été garni de petits *fortins*, et l'extérieur a été entouré de grandes forteresses dont les batteries déja placées, menacent les cités et non les campagnes. — Voila quelques faits pris au hasard sur mille, et que personne ne s'avisera de contester. Or, ce sont là les fruits uniques que la France a retirés de cette monarchie si prodigue de belles promesses ! Mais nous le répétons, il ne pouvait en être autrement ; la monarchie pour s'affermir a eu besoin de nier ses engagemens et de détruire la liberté ; en agissant ainsi, elle n'a fait que satisfaire aux impérieuses nécessités de son existence.

Nous croyons donc avoir prouvé qu'une nation ne ne peut conserver son repos, sa sûreté et sa liberté qu'avec une forme de gouvernement *démocratique*, véritablement *représentative*, enfin, RÉPUBLICAINE.

LEÇON ONZIÈME.

DES OBSTACLES A L'ÉTABLISSEMENT D'UN GOUVERNEMENT RÉPUBLICAIN.

La république pourrait-elle être établie en France, maintenant ?

Rien ne s'y oppose. Quelques gens vous disent, il est vrai, le contraire ; mais demandez-leur à tous ce qu'ils pensent de cette forme de gouvernement, vous êtes sûrs que, s'ils sont de bonne foi, ils avoueront qu'elle est la meilleure qu'ils connaissent. Or, n'est-ce pas une bien grande sottise que de refuser une forme de gouvernement que l'on croit si bonne ! Pourquoi donc le font-ils ? uniquement parce que leur intérêt *particulier* demande la monarchie, ou parce qu'ils se sentent trop indifférens, trop égoïstes, trop mauvais citoyens enfin, pour accepter le rôle actif d'hommes libres. Qu'on les laisse donc tous tête à tête avec leurs petites passions, le pays n'a que faire de s'en occuper ; le nombre des bons citoyens sera toujours assez grand pour que les affaires publiques soit sans cesse bien dirigées, lorsque la France aura jugé à propos de se constituer en république.

Que doit-on penser de ceux qui crient partout que la république amènerait les échafauds, la loi agraire, et le pillage des propriétés ?

On doit les considérer comme d'*infâmes misérables* qu'un intérêt personnel plus fort encore que celui qui existe chez ceux dont nous venons de parler, fait seul agir. Ne pouvant réfuter un système qu'ils craignent de voir adopter par la sagesse du peuple, ils *calomnient* ceux qui le soutiennent et le propagent. — Ils savent bien que l'époque de 1793, dont ils parlent sans cesse, n'était pas un temps de république, mais un temps de crise politique pendant lequel il a fallu faire des miracles pour soulever la France et l'arracher aux mains des factions et des étrangers : tous les historiens impartiaux, au nombre desquels on peut placer M. Thiers, renégat politique actuellement ministre, ont reconnu la *nécessité* où les hommes de la révolution se sont trouvés d'agir comme ils l'ont fait, tandis qu'il ne s'est encore trouvé personne qui ait tenté d'excuser l'atroce et froide cruauté à laquelle s'est livrée, jusque dans les derniers temps, la longue série des tyrans qui, sous le nom de *rois*, ont pesé sur la France !... Qui eût osé, par exemple, justifier les épouvantables massacres ordonnés par les François Ier et les Charles IX, comme par les Louis XVIII et les Charles X !.... — D'ailleurs on ne cite contre la république que les maux passagers qu'elle a pu causer, mais on se garde bien de parler des immenses bienfaits qu'elle a produits. Ils seraient beaucoup trop longs à énumérer. Nous nous bornerons donc à dire qu'elle a mille fois plus fait pour le bonheur du peuple, dans les cinq premières années de son existence que la monarchie n'avait fait en quinze siècles, et nous prierons ses détracteurs de se souvenir que c'est à elle *que nous devons tout ce qu'il y a de bon* dans l'état social actuel. Quant à l'établissement futur de la loi agraire et du pillage des propriétés, c'est un vain épouvantail que les *intéressés royalistes* jettent sans cesse aux yeux des bonnes gens pour les effrayer, et ils le font avec d'autant plus de mauvaise foi qu'ils sont loin d'y croire eux-mêmes. Au reste, les preuves du contraire n'existent-elles pas ?... Le peuple de Paris et le peuple de Lyon, restés, après de sanglans combats, MAITRES des vies et des fortunes de ceux contre lesquels ils avaient lutté,

furent certainement bien plus généreux que leurs adver-
saires ne l'eussent été, si la victoire leur fût demeurée!...
Ils pardonnèrent tout et ne voulurent toucher à rien. —
Les événemens de juin nous ont prouvé que les royalistes
étaient loin de cette magnanimité!...... Si, au degré
d'abaissement où ils sont tombés, le sentiment de leur
infériorité sur ce point ne suffit pas pour les faire rougir
de honte, qu'ils cessent du moins leurs injustes accu-
sations et qu'ils se taisent! Les républicains, la France
le sait maintenant, valent bien mieux qu'eux ; on ne les
trouvera jamais aussi froidement cruels que les royalistes
l'ont été.

*Est-il vrai que le désordre serait amené dans une ré-
publique par une multitude d'ambitieux qu'elle ferait pa-
raître et qui se disputeraient toutes les places ?*

C'est là une grande erreur qu'un peu de réflexion doit
bientôt détruire. — Sous une monarchie il n'est pas étonnant de voir tant de gens avides de places et d'honneurs,
puisque ce n'est qu'un objet de spéculation que la faveur
seule fait obtenir. Qu'importe à la maîtresse du ministre,
toute-puissante dans la distribution des honneurs et des
emplois, qu'importe au ministre lui-même, que les candidats soient savans ou idiots! La première n'examine
que le cadeau qui a suivi la demande qu'on lui a faite ;
le second n'est occupé que du désir de contenter telle
de ses créatures qui a apostillé le placet. — Sous une
république, rien de tout cela. C'est le peuple qui nomme
les fonctionnaires, et son choix ne peut que tomber sur
les hommes qui ont le plus de zèle, de probité et de
mérite. L'honneur d'avoir obtenu les suffrages libres
de leurs concitoyens, l'estime publique, lorsqu'ils se
sont bien conduits, le plaisir de travailler pour la patrie, sont les plus grands avantages retirés par les fonctionnaires. Il n'y a que les hommes vraiment désinté-
ressés et patriotes qui acceptent des emplois, puisqu'il
n'y a que de la peine et point ou très-peu d'argent à
en retirer. On voit, d'après cela, que le nombre des
postulans ne doit pas être bien considérable ; que les
conditions et le mode d'admission font toujours rejeter
l'ambition et la cupidité, et ne peuvent donner lieu à
aucun inconvénient préjudiciable à l'intérêt et au repos
public.

Pour en finir avec toutes les objections, dites-nous s'il

est vrai que la royauté puisse seule, à cause de son principe d'hérédité, maintenir la tranquillité intérieure d'un pays ?

Les ennemis de la république disent, en effet, que dans cette forme de gouvernement, le pouvoir devant changer souvent de mains, il s'élèvera des luttes qui compromettront la tranquillité publique ; mais c'est là une objection mal fondée sous tous les rapports. Qui donnera le pouvoir ? le peuple. — Comment le donnera-t-il ? à la majorité des suffrages. — Donc, une fois le vœu du peuple connu, il saura le faire respecter, et toute prétention qui lui serait opposée, devra cesser aussitôt. C'est ainsi que cela se pratique dans les États-Unis d'Amérique où la république subsiste depuis 50 ans et a rendu ce peuple le plus riche, le plus tranquille et le plus heureux du monde ! — Dans la monarchie, au contraire, la loi de l'hérédité n'est pas si bien suivie que la possession du trône n'appartienne souvent *au plus fort ;* d'où il suit qu'elle peut rester au plus scélérat des prétendans, parce qu'à l'aide du poignard ou du poison, il se délivre soit du possesseur existant, soit des concurrens qui le gênent. L'histoire de toutes les nations fourmille d'exemples de meurtres ainsi commis, et de guerres désastreuses arrivées à la suite. Heureux les peuples quand un seul des champions reste, parce que du moins toute querelle ultérieure est interdite et qu'ils ne demeurent pas exposés à prendre les armes pour soutenir l'intérêt de leur oppresseur ! — N'avons-nous pas de nos jours, le spectacle incroyable de deux despotes aussi peu soucieux l'un que l'autre de l'intérêt du malheureux peuple qu'ils ruinent et déciment, *Don Miguel* et *Don Pédro,* enfin, se disputant la possession du Portugal !... Qui nous garantit à nous Français, que le duc de Bordeaux qui se dit *notre souverain légitime,* ne viendra pas bientôt avec une armée étrangère, revendiquer son *trône ?....* — Et quel sang voit-on couler dans de semblables affaires ? toujours celui du peuple qui n'a cependant aucun intérêt dans les questions qui se débattent. — Ainsi ces faits pouvant se renouveler sans cesse dans les dynasties, c'est bien à tort qu'on veut prétendre que la monarchie peut seule maintenir la tranquillité dans une nation : les plus fortes garanties d'ordre et de stabilité se trouveront toujours, au contraire, dans une république, et pour en finir aussi, sur cette question des avantages de la forme démocratique sur la forme monarchique, nous citerons l'anecdote suivante qui la résume parfaitement :

« On rapporte que dans le canton de Berne, en Suisse, on entretenait depuis un temps immémorial, un ours aux dépens du trésor public, et qu'on faisait croire au peuple que s'il n'y avait point d'ours, il serait perdu. Il arriva que l'ours tomba malade et mourut trop subitement pour qu'on pût immédiatement le remplacer par un autre. Pendant cet interrègne, le peuple découvrit que le blé croissait et que les vignobles fleurissaient comme à l'ordinaire, que le soleil et la lune continuaient de se lever et de se coucher, et que tout allait comme auparavant. Encouragé par ces circonstances, il résolut de ne plus entretenir d'ours; car, dit-il, un ours est un animal vorace, très dispendieux et de plus dangereux, car nous avons été obligés de lui arracher les griffes de peur qu'il ne fît du mal aux citoyens.—Et quand le nouvel ours arriva, il fut renvoyé. »

PLAN

D'ORGANISATION D'UNE RÉPUBLIQUE.

LEÇON DOUZIÈME.

DES BASES DE CE GOUVERNEMENT.

Comment s'établit un gouvernement RÉPUBLICAIN?

Par la volonté d'une nation dont le premier soin doit être alors qu'elle l'a prise, de nommer des représentans qu'elle charge de préparer une *constitution* dont les dispositions soumises ensuite à l'approbation du peuple, deviennent, lorsqu'elles ont été adoptées par la majorité des citoyens, la loi suprême à laquelle chacun est tenu de se conformer rigoureusement. Cette constitution faite, l'assemblée dont elle est l'ouvrage, est dissoute, et de nouveaux députés viennent prendre la direction des affaires publiques pendant le temps et de la manière que la constitution l'a fixé.

Quels principes doivent être la base de tout gouvernement républicain?

1° Le principe de la *souveraineté populaire*, établissant sans cesse le peuple comme le maître devant la voix duquel tout pouvoir doit s'incliner; 2° le principe de *l'élection*, donnant à ce peuple la faculté de nommer tous les fonctionnaires par lesquels il lui plaît de faire remplir les charges publiques; 3° le principe de la *responsabilité*, indiquant à tous les fonctionnaires incapables ou traîtres, qu'ils doivent compte de leur conduite et peuvent subir le châtiment de leurs fautes ou de leurs crimes; 4° le principe de *l'unité*, c'est-à-dire de l'indivisibilité de la nation, admettant une seule direction centrale pour tout le pays, l'abolition en ce qui concerne les intérêts généraux de toute distinction, entre les diverses parties de l'état, et la soumission de toutes au pouvoir suprême et aux lois communes.

A quelles obligations est soumis un gouvernement républicain ?

Ce gouvernement doit s'occuper constamment de procurer à tous les citoyens qu'il représente, le plus grand bonheur possible. Il doit garantir la liberté, l'égalité, la sûreté, la propriété, le libre exercice des cultes, une instruction commune, des secours publics, la liberté illimitée de la presse, le droit de pétition, le droit de se réunir en sociétés populaires ; enfin la jouissance de tous les droits de l'homme (1).

Dites-nous comment s'applique le principe de la souveraineté du peuple ?

Ainsi que nous l'avons déclaré, la SOUVERAINETÉ réside dans l'universalité des citoyens. Pour exercer leurs droits, ils se réunissent en assemblées appelées *primaires*, composées de 200 citoyens au moins et de 600 au plus. Tout homme né et domicilié dans le pays, âgé de 21 ans accomplis, tout étranger satisfaisant à de certaines conditions, sont appelés à l'exercice des droits de citoyens, et sont admissibles à toutes les fonctions publiques en général. — C'est par les assemblées primaires que sont nommés les représentans, les administrateurs des départemens, des cantons et des communes, les juges civils, criminels et de cassation, etc., etc. C'est par elles seules que la forme de gouvernement peut être changée, que la constitution primitive peut être légalement modifiée, qu'enfin toutes les lois dont l'importance nécessite la sanction du peuple, sont adoptées ou rejetées. Chaque année, à une époque fixée, il y a une tenue générale des assemblées primaires : elles sont convoquées toutes les fois qu'il y a à faire une élection ou à prononcer sur des projets de lois. Si le besoin d'exprimer un avis sur les affaires du pays, d'examiner la conduite des représentans en général, ou du département en particulier, fait sentir la nécessité d'une assemblée primaire, il suffit, pour autoriser sa formation, qu'elle soit demandée par le cinquième des citoyens ayant droit d'y voter.

(1) Voyez, cependant, ce qui est dit plus loin à la page 56.

N'y a-t-il aucun inconvénient à fixer l'âge de 21 ans pour l'époque de l'entrée en possession des droits politiques?

Lorsque nous avons fixé cet âge, nous l'avons donné comme règle à suivre dans un état qui jouit déja des avantages de la république, parce qu'avec le système d'éducation sagement combiné qu'entraîne pour tous cette forme de gouvernement, on doit avoir fait connaître à un jeune homme bien avant qu'il ait 21 ans, tous ses droits et ses devoirs de citoyens; il doit s'être instruit des affaires de l'état suffisamment pour s'en pouvoir occuper dignement, dès qu'il a atteint sa majorité. Mais, en France, par exemple, où les jeunes gens pauvres restent ignorans, où les riches recueillent dans les colléges des leçons de pédantisme et non de civisme, on devrait, ce nous semble, si on établissait le gouvernement républicain, n'admettre provisoirement à l'exercice des droits politiques que ceux qui seraient âgés de 24 ans accomplis, jusqu'à ce qu'une éducation plus nationale donnée aux jeunes gens, permît de compter sur une intelligence politique et sur une gravité plus grandes que celles que beaucoup d'entr'eux montrent maintenant.

Par qui sont dirigées les affaires de la nation?

Par quatre pouvoirs distincts :

1° Pour faire les lois, régler les dépenses, maintenir la constitution, etc., présider ou veiller à tout ce qui se fait, la nation a besoin d'un corps de représentans chargés de ses pouvoirs et les exerçant pour elle ;

De là l'assemblée nationale, en qui réside le *pouvoir législatif.*

2° L'obligation de faire exécuter les lois, de mettre la force publique en activité tant au dedans qu'au dehors et de diriger l'administration générale d'une manière uniforme, exige qu'un ou plusieurs hommes soient le centre de tous les mouvemens du corps politique ;

De là le consulat, le président, le directoire, etc., suivant que le peuple l'a voulu, en qui réside le *pouvoir exécutif.*

3° Pour l'exécution locale des lois relatives à l'administration générale du royaume, la conduite des affaires particulières aux départemens ou aux communes, il faut dans chaque département et chaque commune des administrateurs subordonnés, chargés des détails d'exécution ;

De là les conseils des départemens, les conseils municipaux, etc. , en qui réside le *pouvoir administratif.*

4° L'exécution des lois qui ont pour objet les actions et les propriétés des citoyens, nécessite l'établissement des juges ;

De là les tribunaux , en qui réside le *pouvoir judiciaire.*

C'est de l'organisation régulière, de la correspondance, de la séparation de ces quatre pouvoirs , que résulte une bonne constitution.

LEÇON TREIZIÈME.

DU POUVOIR LÉGISLATIF.

Qu'est-ce que la représentation nationale ou le pouvoir législatif ?

C'est la réunion de tous les députés nommés par les assemblées primaires.

Quels citoyens peuvent être nommés députés ?

Tous indistinctement. — Le patriotisme, le désinté-ressement, les vertus et les talens des candidats , doivent seuls décider les électeurs dans le choix de tous les fonctionnaires. La richesse est trop souvent compagne de l'ignorance , elle sert trop l'ambition ou la cupidité pour qu'on ne lui fasse perdre la malheureuse influence qu'elle a obtenue jusqu'à ce jour. — Il est bien entendu, néanmoins , qu'un fonctionnnaire actif ne peut être député qu'autant qu'il se démet de son emploi. Ce n'est que sous une monarchie qu'on peut souffrir qu'un président de cour, un général de division , soient en même temps députés et payés comme s'ils remplissaient leurs fonctions ; les ministres savent bien quels avantages leur procure cet exécrable abus.

Un député peut-il être cassé de ses fonctions par les électeurs.

Oui, sans doute, les députés sont toujours révocables, et il faut qu'il en soit ainsi. Qu'est-ce, en effet, qu'un député ? c'est un homme chargé par un grand nombre d'autres hommes de soigner leurs affaires à leur place. Donc, il doit agir dans l'intérêt et suivant l'esprit de ceux qui l'ont créé leur mandataire. S'il se conduit autrement, s'il vote dans un sens opposé à celui qu'il avait promis, il ne représente plus ses mandans, qui sont, dès-lors, libres de lui retirer leur procuration et de le remplacer. Si le principe de la révocabilité avait été admis en France, on n'eût pas eu si souvent le scandale de députés votant, pour obtenir les faveurs ministérielles, tout autrement qu'ils s'étaient engagés à le faire.

Par quel moyen peut-on s'assurer de la conduite des députés ?

Aujourd'hui, ceux auxquels on donne ce nom, s'en vont à Paris pendant le temps des sessions, reviennent dans leurs provinces dès qu'ils sont libres, s'y occupent de leurs affaires privées, mais tout cela sans daigner penser à ceux qui les ont nommés. Il est juste, cependant, que celui qu'on a chargé d'une commission en rende compte : c'est ainsi que cela se fait dans une république. — A la fin de chaque session, les députés reviennent parmi ceux de qui ils ont reçu leur mandat, leur font le compte-rendu de leur vie politique pendant le temps de leur absence, et reçoivent les avis de leurs concitoyens afin d'en profiter à la session suivante. En outre, dans toutes les assemblées, les députés sont tenus de voter *à haute voix* sur les sujets des discussions. — Actuellement, au contraire, tout étant profondément immoral, le vote est secret. Nous rougissons pour notre pays de dire que lorsqu'on veut emporter le vote d'une loi contraire aux intérêts du peuple, on s'empresse de demander le scrutin secret. Alors, les députés vendus sont à leur aise, ils ne craignent plus les yeux des journalistes qui les auraient pu voir se lever, et ils déposent leur boule blanche dans l'urne. Le ministère seul le sait : les électeurs, comptant sur la parole de leur député, croient qu'il a mis une boule noire, et voila ce qu'on appelle être représenté !!!...

Les députés formant le corps législatif se réunissent-ils en une seule assemblée ou en forment-ils plusieurs?

La raison indique que le corps réprésentatif doit être

un comme la nation représentée est une. La représentation nationale est instituée pour recueillir et proclamer la volonté générale, cette volonté est une et indivisible, il serait donc inconséquent de diviser le corps législatif en deux sections pour en faire sortir une seule volonté. Si on voulait cette division, il faudrait pour que la mesure eût quelque prétexte d'utilité, donner à l'une des chambres le droit de refuser sa sanction à une loi adoptée par l'autre, il faudrait établir une espèce d'aristocratie distinguée par l'âge, la fortune et des priviléges; de là résulteraient nécessairement des luttes, des rivalités qui amèneraient aussitôt de funestes dissentions! Il est donc bien plus sage de ne former de la représentation nationale qu'une seule assemblée unie, forte et compacte.

Ne doit-il pas être à craindre que l'entraînement ou la précipitation ne portent quelquefois une assemblée unique à commettre des erreurs?

Non : Entre la proposition et la discussion de la loi, il y a toujours un certain délai. Or, une république donnant à la presse un grand développement en même temps qu'une grande liberté, les journaux de chaque jour commencent les premiers à discuter les projets de lois, puis les réunions publiques s'en occupent ; le vœu du peuple est ainsi complètement exprimé. De telle sorte que la législature peut arrêter à l'avance son opinion et n'a plus guère qu'à formuler ses décisions. C'est là une première garantie ; mais par mesure de précaution, on peut encore établir autant de comités qu'il y a de genres de lois, renvoyer à chacun de ces comités tous les projets qui les concernent pour être par eux préalablement examinés, discutés, puis présentés avec toutes les observations et tous les documens utiles à l'assemblée nationale qui, après les rapports qu'elle entend, les délais qu'elle laisse écouler, et par la connaissance qu'elle a acquise de l'opinion publique, ne peut que juger avec le calme, la réflexion et la sagesse convenables.

Quelle est la base de la représentation nationale?

Il ne peut y en avoir qu'une, la population. — On établit le chiffre des députés à nommer par une ville, ou un département, d'après le nombre des habitans qu'ils renferment, parce que ce sont les hommes et non les propriétés immobilières ou les capitaux qui doivent être représentés.

Par combien de députés la représentation nationale doit-elle être formée ?

Par le plus grand nombre possible, et il y a en cela plusieurs avantages. Plus le nombre des députés est considérable, mieux le peuple est représenté, et plus l'assemblée présente de garanties d'indépendance et d'intégrité. Comment acheter une majorité, comment créer des coteries dans une assemblée si nombreuse ! au milieu de tant d'hommes, quel député pourrait parvenir à se former un parti assez influent pour seconder ses vues d'ambition, s'il en avait ? L'assemblée constituante, la première de la révolution de 1789, était composée de douze cents membres, il n'y aurait, en France, qu'avantage à excéder encore ce nombre. Si par exemple, il y avait un député par vingt mille individus, la population de notre pays étant d'environ trente-trois millions d'habitans, serait représentée par seize cent cinquante députés. Quelle puissance, quelle majesté aurait une pareille assemblée ! il est presqu'impossible qu'elle se laissât diviser par les passions politiques. Jamais elle n'oublierait la chose publique ; la plus stricte justice ne cesserait d'être sa loi.

La pauvreté ne peut-elle pas empêcher à un citoyen d'accepter les fonctions de député ?

Non ; pour obvier à un si funeste inconvénient, qui ne tendrait à rien moins qu'à priver la nation d'hommes savans, mais sans fortune, et qui d'ailleurs annulerait, par le fait, le principe posé plus haut : « Que tout citoyen est éligible » puisque les électeurs seraient forcés de choisir leurs représentans parmi les riches, il est payé à chacun des députés une indemnité à raison du temps qu'il emploie à servir l'état. — Tout ce qui a été dit jusqu'à ce jour contre l'adoption de ce système n'est qu'une ruse des aristocrates pour conserver le monopole de la députation. Tel député qui déclare avoir trop de pudeur pour recevoir douze à quinze francs par jour à titre d'indemnité, ne rougit pas cependant d'accepter quelques mille francs pris sur les fonds secrets ou une grasse sinécure que le ministre lui jette pour prix de sa conscience. Il est temps d'en finir avec toutes ces hypocrisies et de ne prendre les hommes et les choses que pour leur valeur réelle.

Quelle est la durée des fonctions législatives ?

Elle doit être courte : deux années ou trois années au plus.

L'assemblée nationale tient-elle ses séances pendant tout le temps de la durée des pouvoirs de ses membres ?

En principe, l'assemblée est permanente, mais il faut entendre par là qu'elle peut se rassembler en toute occasion. Lorsque les affaires de l'état permettent une interruption des travaux, elle a lieu, mais pour peu de temps, car le pouvoir législatif étant l'ame et la volonté du corps politique, ne peut pas être long-temps privé d'exercice sans donner lieu aux plus grands inconvéniens. — Le retour des sessions se fait comme par continuation des séances.

Quelles sont les attributions du pouvoir législatif ?

Voici les principales :

Il fait les lois sur la législation civile et criminelle ; — fixe les revenus et les dépenses de la nation, par conséquent, la nature, le montant et le mode de perception des contributions, déclare la guerre, ratifie les traités ; prend toutes les mesures nécessaires pour l'établissement annuel des forces de terre et de mer, la défense du territoire, le maintien de la tranquillité et de la sûreté générale ; dirige l'instruction publique, poursuit soit la responsabilité, soit la mise en accusation des fonctionnaires publics prévaricateurs ou traîtres ; fait, en un mot, comme pouvoir central et suprême, tout ce qu'il juge convenable dans l'intérêt de la nation, sauf les limites qui lui sont imposées par la constitution, et sauf la sanction du peuple dans le cas où il est indiqué qu'elle est nécessaire.

LEÇON QUATORZIÈME.

DU POUVOIR EXÉCUTIF.

Qu'est-ce que le pouvoir exécutif ?

C'est le corps auquel le peuple confie le soin de diriger et surveiller l'administration générale de la république.

Ce pouvoir est-il donné à un seul homme ou à plusieurs ?

Les deux systèmes pourraient être adoptés, cependant, nous croyons que c'est au premier qu'il faut donner la préférence. — En réunissant trois, cinq ou sept personnes pour posséder ce pouvoir, on risque très fort de les voir bientôt divisées par des opinions contraires, et dès lors la marche du gouvernement s'arrête ou souffre. Deux essais de ce mode ont été faits ; ni l'un ni l'autre n'a réussi. — En 1784, en Amérique, un comité directeur, composé d'un membre de chaque état, ne put subsister que très peu de temps. — En 1799, en France, le directoire désuni perdit la république. C'est qu'il est presqu'impossible que sur d'aussi graves questions que celles qui sont soumises chaque jour au pouvoir exécutif, plusieurs personnes puissent être constamment d'accord. — Lorsqu'au contraire, ce pouvoir appartient à seul homme, sa volonté étant l'unique guide, la direction des affaires est plus ferme, plus uniforme, plus rapidement imprimée. — A la tête des quatre ou cinq branches principales d'affaires sont placés les hommes les plus zélés et les plus capables, qui forment le conseil du citoyen chargé du pouvoir exécutif. C'est d'eux qu'il prend des avis qu'il est, néanmoins, libre de ne pas suivre quand il lui plaît. — Pour qu'il n'y ait jamais d'interruption dans la direction des affaires, il est nécessaire qu'un fonctionnaire soit toujours prêt à prendre en main le pouvoir exécutif, en remplacement du premier titulaire.

Quel nom donne-t-on à celui qui possède le pouvoir exécutif?

C'est une chose bien insignifiante qu'un nom. Cependant comme il lui en faut un, celui de président *de la république* nous paraît s'accorder le mieux avec la nature et la durée de ses fonctions. — On peut par conséquent appeler *vice-président* le citoyen qui est chargé de le remplacer seulement dans les cas de mort, de démission ou de destitution.

A qui appartient la nomination des président et vice-président?

A la nation entière : chaque assemblée primaire exprime son vœu, dresse la liste des suffrages obtenus, l'envoie cachetée au pouvoir législatif qui dans une séance solennelle, ouvre tous les certificats et compte les votes obtenus pour la présidence, et pour la vice-présidence. Les citoyens qui réunissent le plus grand nombre de voix, au-dessus de la majorité des électeurs, sont nommés ; dans le cas où il y a égalité de voix entre plusieurs candidats portés, le sort décide entr'eux. — Ces fonctions ne peuvent jamais être dévolues à des étrangers.

Quelle garantie prend-on contre tout envahissement du pouvoir de la part du président ?

On ne lui laisse occuper sa place que pendant peu de temps, trois ou quatre années ; il est subordonné au pouvoir législatif, *révocable* pour cause d'inhabileté, d'inconduite, de malversation ou de trahison : enfin, *responsable* du moindre de ses actes. — C'est le pouvoir législatif qui a le droit de le mettre en accusation, lui et tous les autres fonctionnaires placés sous ses ordres. — A l'expiration de ses fonctions, il peut être réélu, mais la prudence exige que cela n'arrive qu'une fois. — Le vice-président est soumis aux mêmes lois que lui.

Le président reçoit-il un traitement de la nation ?

Oui, l'indemnité qu'on lui accorde annuellement doit être suffisante pour qu'il puisse recevoir décemment les personnes que sa position l'oblige à voir, mais assez faible pour ne lui permettre aucune inutile prodigalité, ni aucune tentative de corruption. Cent cinquante mille francs par année sont plus que suffisans pour faire face à toutes ses dépenses particulières.

Dans le cas où le peuple préfère donner le pouvoir exécutif à une réunion de plusieurs personnes, tout ce que nous venons de dire leur est applicable comme à une seule.

Quelles sont les attributions du pouvoir exécutif ?

Il est chargé de la direction, de la surveillance de l'administration générale des affaires de la nation, ne peut agir qu'en exécution des lois et des décrets du corps législatif à la confection desquels il reste complètement étranger ; — les lois dont il assure l'exécution étant le résultat de la volonté générale, il ne doit trouver nulle part de résistance ; — il négocie les traités ; — nomme sur des listes de candidats à lui présentées par le pouvoir législatif, ses agens principaux tant à l'intérieur qu'à l'extérieur ; — détermine leurs fonctions, et peut les révoquer ; — il réside sans cesse auprès du corps législatif, a son entrée et une place

séparée dans le lieu des séances ; — il est entendu
toutes les fois qu'il a un compte à rendre volontairement ou par suite d'une demande des législateurs ; —
Enfin, il a le droit de convoquer le corps législatif dans
le cas où dans l'intervalle d'une session à une autre,
des affaires pressantes demandent une solution qu'il est
impuissant à donner lui-même.

*Le gouvernement d'une république peut-il sortir de la
légalité ?*

Dans des cas tout-à-fait extraordinaires, lorsque les
dangers de la patrie sont si imminens qu'ils exigent un
remède prompt et énergique qu'on ne peut obtenir
qu'en violant la loi écrite, le gouvernement ne doit pas
hésiter à le faire, parce que *la première nécessité pour
une société, c'est de se conserver elle-même.* Nous ne connaissons rien de plus absurde que cette maxime d'un
membre de l'ancienne Convention : « *Périsse l'état plutôt qu'un principe.* » (1) Quoi, lui dirions-nous, plutôt
que de suspendre la publication d'un journal qui prêche
l'insurrection ou appelle hautement l'ennemi, plutôt
que de mettre en état d'arrestation préventive un citoyen qui vous est dénoncé comme chef d'une conspi-
ration formidable, tramée contre le peuple et qui va
éclater, vous consentiriez à courir le risque de perdre
la nation ?... Pour ne pas violer le droit de propriété,
vous refuseriez de vous emparer des chevaux, des vi-
vres, du terrain appartenant à quelques particuliers,
et votre refus laissant l'armée nationale dénuée de tout
moyen d'action, privée de toute défense, vous refuseriez d'y renoncer et préféreriez voir l'ennemi accomplir l'asservissement de votre pays ?... oh non ! ce serait là la plus monstrueuse des immoralités ! au dessus
des lois écrites, il est une règle supérieure, celle de la
raison et de la morale universelle, c'est en ne lui obéis-
sant pas que vous commettriez le plus grand des crimes !

Il faut bien remarquer que nous n'accordons ce pouvoir qu'*aux chefs* du gouvernement et seulement pour

---

(1) Les *principes* ne pouvant périr, Barnave n'a sans doute entendu
parler que de la suspension *momentanée* de leur application ; ce n'est
que dans cette hypothèse aussi que nous raisonnons.

les instans de crises extraordinaires, où toute lenteur, toute hésitation peuvent amener la perte de l'état social d'une nation. — Le moment du danger passé, tout rentre dans l'ordre régulier. Si c'est le pouvoir exécutif qui a agi en vertu de cette loi impérieuse de la nécessité, et il n'a pu le faire qu'autant que le pouvoir législatif n'était pas réuni, il se livre à la justice de ce dernier. Si c'est le pouvoir législatif qui a lui-même tout ordonné, un jury nommé spécialemeut par le peuple, juge s'il a eu tort ou raison, l'approuve ou le punit. — Mais ce que nous avons admis comme possible dans une république, serait intolérable dans une monarchie héréditaire, il faut bien le comprendre. En effet, qu'on s'en souvienne, un roi ne représente que lui-même, il n'agit donc presque jamais que pour son propre intérêt. Or, l'intérêt de la nation étant le plus souvent tout autre que le sien, il s'en suit qu'en prenant des mesures illégales, un roi peut bien n'avoir d'autre but que celui de se conserver lui-même au préjudice de la nation, et toute action en responsabilité est fermée contre lui, ou est tout-à-fait illusoire. — Dans une république, au contraire, l'assemblée nationale, et en son absence, le pouvoir exécutif représentent tout le peuple : ces deux pouvoirs ne travaillent que pour lui, et il peut les révoquer, ce qui est plus, les punir. Qn'importe alors que pour assurer le salut de ce peuple, quelques hommes soient froissés !... si ces victimes sont animées d'un véritable patriotisme et sont de bonne foi, elles ne songeront pas même à se plaindre, lorsqu'on se sera efforcé de réparer le tort qu'on leur aura fait.

LEÇON QUINZIÈME.

DU POUVOIR ADMINISTRATIF.

Qu'est-ce que le pouvoir administratif?
C'est celui qui dirige les affaires particulières de chaque département, de ses divisions et subdivisions, et qui fait exécuter les lois dans ces différentes localités.
Ce pouvoir est-il unique dans un département?
Non. — Pour mieux remplir son objet, il est soumis

à autant de divisions qu'il a d'intérêts divers à défendre et à représenter.

Indiquez-nous ces divisions ?

Dans chaque département, il y a un conseil *général* ou *départemental*, des conseils *d'arrondissemens*, des conseils *cantonaux* et autant de conseils *municipaux* qu'il y a de communes. — Chacun de ces conseils est subordonné à celui qui le précède.

De combien de membres est composé le conseil municipal d'une commune ?

Leur nombre est déterminé par le chiffre de la population, mais basé de telle manière que dans les plus petites communes il ne soit pas moins de dix membres, y compris le maire et deux adjoints, et de quarante membres y compris aussi le maire et huit adjoints dans les villes les plus populeuses.

Par qui sont nommés les conseils municipaux ?

Par tous les citoyens domiciliés dans la commune et à la majorité des voix. — Le maire et ses adjoints sont nommés de même, mais par des scrutins particuliers.

Quelle est la composition du conseil cantonal ?

Il est formé par environ neuf citoyens nommés à cet effet par tous les habitans du canton.

Comment forme-t-on le conseil d'arrondissement ?

Par la réunion d'un délégué de chacun des conseils des cantons qui dépendent de l'arrondissement, nommés spécialement par eux et tirés de leur sein.

Comment le conseil général est-il organisé ?

Il se compose d'un nombre de membres égal au chiffre des cantons du département, à chacun desquels est dévolue une nomination.

Le gouvernement n'a donc aucune part dans le pouvoir administratif ?

Si ; la part qu'il a est au contraire considérable. — Il la laisse en la possession d'un commissaire ou préfet qui l'exerce en son nom, et dans la nomination duquel les citoyens n'interviennent pas. Ce commissaire habite nécessairement le département dont il est chargé de surveiller l'administration.

Toutes ces divisions auxquelles est soumis le pouvoir administratif ne présentent-elles aucun inconvénient ?

Non ; loin de là elles sont très avantageuses. Il est vrai qu'on a demandé dernièrement en France la suppression des conseils d'arrondissement qui existent et leur remplacement par des conseils cantonaux semblables à ceux dont nous parlons, sauf les bases de l'électorat ; mais nous ne partageons pas du tout l'avis des citoyens qui ont réclamé cette mesure. Nous voulons que le pouvoir administratif possède une puissance réelle dont il puisse user sans embarras, sans difficultés ; or, cela ne serait pas si les conseils cantonaux existaient seuls. En effet, chaque département français ayant au moins trente cantons, en supposant dès-lors qu'une mesure d'une grande importance nécessitât le concours très-actif de tous les citoyens, il faudrait que chaque canton délibérât séparément et ordonnât particulièrement l'exécution de sa décision ; mais n'est-il pas évident qu'il résulterait d'une si grande division trop de lenteur, soit dans la délibération, soit dans l'exécution ? Ne serait-il pas ensuite dangereux de laisser tous ces cantons soumis à toutes les influences locales, sans aucun lien qui les rattachât entr'eux et les unît en même temps au conseil général, leur centre le plus rapproché ? — En admettant, au contraire, à la fois les conseils cantonaux et les conseils d'arrondissement (avec la formation de ceux-ci telle que nous l'indiquons), ce sont ces derniers qui délibèrent dans le cas que nous avons posé. Le plus grand nombre des départemens n'ayant que cinq conseils, leurs délibérations sont bientôt prises, et l'exécution étant conduite par les conseils des cantons stimulés par les membres qui ont siégé aux conseils d'arrondissement, ne peut qu'être poussée avec la plus grande vigueur, et l'intérêt général est bien mieux garanti.

Quelle est la durée des fonctions des maires et adjoints ?

Trois années environ.

Quelles sont leurs attributions ?

Le maire, sous l'inspection et la surveillance du commissaire du gouvernement, est chargé de l'exécution des délibérations du conseil municipal, et, sous l'autorité de ce même commissaire, de la publication et de l'exécution dans la commune, des lois, des réglemens et des mesures d'administration générale ; il nomme directement les employés de la municipalité. — Ses adjoints se divisent le travail auquel il ne pourrait suffire seul, et le remplacent par ordre de nomination, dans les cas d'absence ou d'empêchement quelconque.

Quelle est la durée des fonctions des membres des quatre genres de conseils ?

On peut les laisser en fonctions pendant quatre années, mais il est convenable dans l'intérêt public qu'ils soient renouvelés par moitié tous les deux ans. Si leur exercice était plus court, ils auraient à peine avant son expiration le temps de bien connaître les affaires qui les concerneraient et ne pourraient ainsi rendre aucun service, ou, s'ils sortaient tous à la fois, on risquerait de voir leurs successeurs bouleverser ou laisser périr les affaires par l'ignorance où ils seraient de leur situation ou par inexpérience. — Du reste, tous les emplois dévolus par l'élection aux citoyens, dans le pouvoir administratif, sont gratuits, et soumis aux règles ordinaires de la responsabilité et de la révocabilité. — Toutes les séances des conseils sont publiques.

Dites-nous quelles sont les attributions de ces conseils ?

Il serait trop long d'en faire l'énumération et peut-être ce serait aussi inutile de les fixer, parce que leurs pouvoirs, étant d'un intérêt secondaire, peuvent s'étendre ou se restreindre sans qu'il y ait dommage imminent pour le pays (1). Mais en principe, nous dirons que la centralisation est indispensable pour maintenir la force et la puissance dans une nation. — Par la centralisation on entend le pouvoir laissé au gouvernement de s'immiscer dans les affaires importantes des communes, et de leur ordonner ou défendre ce qu'il juge convenable. Nous n'avons pas besoin de dire que ce n'est plus de la centralisation actuelle qu'il s'agit ! Non, le gouvernement ne s'occupera pas des mille et un détails qu'on lui soumet aujourd'hui, mais ce que nous voulons, c'est qu'il ne puisse pas trouver de résistance lorsqu'il lui paraîtra convenable par exemple, que l'argent des communes soit employé à la propagation de l'instruction publique au lieu d'être

---

(1) Nous ne voulons pas dire par là qu'il faille tantôt donner, tantôt retirer des pouvoirs aux communes et aux départemens, mais bien qu'on peut ajouter à ceux qui leur ont été donnés tout d'abord, lorsque le progrès le permet, ou lorsque le besoin s'en fait sentir.

jeté à la construction d'un monument inutile ; c'est enfin qu'il possède les moyens de donner à tout le pays une direction uniforme et progressive, impossible à établir si les chefs des communes mûs par autant de pensées et d'opinions diverses qu'il y a de localités, gouvernaient selon leur caprice ou l'intérêt de leur parti.

Quelles sont les attributions du commissaire du gouvernement ?

Il surveille constamment tous les conseils, a le pouvoir de permettre certaines mesures adoptées par eux, de suspendre tous ceux de leurs actes qui seraient ou en dehors de leurs attributions, ou contraires aux droits du gouvernement central, ou, enfin, opposés à l'intérêt général, sauf le recours au pouvoir exécutif d'abord et au pouvoir législatif en dernier ressort.

Dans le cas de discussions entre deux départemens relativement à leurs intérêts respectifs, à qui appartient le pouvoir de décider entr'eux ?

Au pouvoir législatif.

LEÇON SEIZIÈME.

DU POUVOIR JUDICIAIRE.

Rappelez-nous ce qu'est le pouvoir judiciaire ?

C'est le corps auquel la nation confie les deux attributions suivantes, savoir : l'une appelée *juridiction civile*, qui consiste à juger les contestations qui s'élèvent entre les citoyens par rapport à leurs intérêts privés, et l'autre nommée *juridiction criminelle* dont l'objet est de poursuivre ceux qui sont désignés comme auteurs ou complice de crimes ou délits, ou, dans des cas posés, de leur appliquer les peines portées par la loi.

Comment est organisé ce pouvoir ?

Il se compose des *justices de paix*, — des tribunaux de *première instance*, — des tribunaux d'*appel* (1) — et

---

(1) On a demandé la supression des tribunaux d'appel ; nous sommes loin de partager cet avis et regardons, au contraire, comme indispensable qu'ils soient conservés.

d'un tribunal supérieur de *cassation*. — Il y a une justice de paix par canton ; un tribunal de première instance par arrondissement ; un tribunal d'appel par trois
ou quatre départemens, et un seul tribunal de cassation pour tout le pays. — Dans les villes commerçantes
où les difficultés qui s'élèvent entre les *marchands*, sont
trop nombreuses, pour pouvoir être jugées par le tribunal de première instance qui y siége, on établit de
plus, un tribunal de *commerce* chargé spécialement de
décider sur ce genre de contestations.

Les justices de paix sont composées d'un seul juge
ayant des suppléans ; les tribunaux de première instan-
ces ont un nombre de membres en rapport avec les besoins des localités, mais se divisant en sections de trois
juges possédant un pouvoir égal et travaillant à la
fois, à expédier les affaires qui sont soumises au tribunal ; les tribunaux d'appel sont divisés en sections de
sept membres et en doivent avoir assez pour que les
procès ne s'accumulent pas et que les parties aient promptement les décisions qu'elles attendent. Cette même
nécessité s'applique au tribunal de cassation et sert également à fixer le nombre de ses membres. — L'organisation spéciale et particulière des divers tribunaux
appartient au pouvoir législatif.

*Les fonctions judiciaires des divers degrés sont-elles ré-
tribuées ?*

Il serait à désirer qu'elles ne le fussent pas ; cependant, comme ces fonctionnaires ne peuvent être pris
que parmi un petit nombre de citoyens qui passent de
longues années uniquement à acquérir la science nécessaire pour remplir ces charges, et qu'il est important
que ceux auxquels on les confie y emploient, au besoin,
tout leur temps, (1) nous pensons qu'on ne peut se dispen-

---

(1) Il y a quelques jours, à la.... chambre de la *cour dite royale* de
Lyon, une affaire importante était commencée, lorque tout-à-coup
l'un des *conseillers*, grassement rétribué quoique riche, descend de
son siége et se dirige vers la porte. A l'interpellation que lui adresse
le Président, il répond « je n'ai pas le temps de rester davantage ;
il faut que je parte, *j'ai à faire*, » et il sort. — La cour n'étant plus
en nombre, force est à l'avocat de s'arrêter au milieu de sa plaidoi-
rie, au président de lever l'audience et aux plaideurs de subir le *bon
plaisir* de M. le conseiller ! — Sous une république, cet homme serait deshonoré et destitué ; avec la monarchie, on en voit tant et
de si rudes qu'un fait comme celui que nous venons de citer passe
comme une bagatelle !

ser de donner une indemnité aux magistrats, *sans fortune*. Mais dans ces fonctions, plus encore s'il est possible, que dans les autres dépendans des divers pouvoirs, l'honneur étant la première récompense, l'indemnité est la même pour tous les degrés de judicature et ne doit pas excéder la somme nécessaire pour faire vivre décemment le juge et sa famille. Dans l'odieux ordre social que l'aristocratie a fait à la France, *l'argent*,... *c'est l'honneur !.. l'argent*,... *c'est l'unique* moyen de récompense. On veut faire qu'un homme soit d'autant plus estimé qu'il sera plus riche ou plus fortement payé !... aussi s'est-on attaché à enfler sans cesse les traitemens des membres du corps judiciaire actuel pour les faire respecter davantage !... triste et avilissant moyen ...! pour nous, nous croyons qu'il faut avoir une conscience singulièrement large pour, étant président de tribunal d'appel ou procureur-général, consentir à recevoir sur le produit des impositions arrachées à tant de malheureux contribuables, la somme de *vingt mille francs par année*, attribuée à ces fonctions.

Le gouvernement reste-t-il en dehors du pouvoir judiciaire ?

Non : il a ses représentans dans les tribunaux des trois degrés les plus élevés; c'est lui qui les nomme directement. — Leurs fonctions consistent à surveiller et à maintenir l'exécution des lois; ceux qu'il place près les tribunaux de première instance et d'appel sont en outre chargés des poursuites contre ceux qui se rendent coupables de crimes ou délits.

Par qui sont nommés les membres du corps judiciaire ?

Les juges de paix et leurs suppléans, sont nommés par les assemblées primaires du canton; — Les juges de première instance, par les assemblées primaires de l'arrondissement; — chaque département, du ressort d'un tribunal d'appel, nomme un certain nombre des membres qui doivent le former : le tout s'exécute suivant les règles établies par le pouvoir législatif. — Quant au tribunal de cassation, il est très utile, pour avoir une garantie certaine de son indépendance, que le choix de ses membres appartienne aussi au peuple. Le mode d'élection à adopter pour eux, est aussi fixé par le pouvoir législatif.

Quelle est la durée des fonctions judiciaires ?

En France, elles sont actuellement *inamovibles*, c'est-à-dire que ceux auxquels on les a, une fois, données, les possèdent pendant toute leur vie, sans qu'on puisse les en priver (1) : la mort ou leur démission, peuvent seules rendre leurs places vacantes. Ce principe d'inamovibilité, établi pour lutter contre le despotisme des rois, a bien pu présenter, sous leur domination, quelques avantages, mais, sous une république, il pourrait donner lieu à de très graves inconvéniens et ne doit, par conséquent, pas exister. Pour que l'esprit du corps judiciaire soit constamment en harmonie avec l'esprit qui anime la nation, il convient, ce nous semble, que les juges de paix soient nommés pour trois années et les membres des autres tribunaux pour cinq années.

Tous peuvent être indéfiniment réélus et sont révocables, seulement, pour cause de malversation, de négligence dans l'accomplissement de leurs devoirs, ou de mauvaise conduite.

Quelles sont les attributions spéciales des juges de paix ?

Ils jugent, *en dernier ressort*, sans autre procédure que la citation, — toutes les contraventions aux règlemens de police y compris celles dont la connaissance rentre actuellement dans les attributions des maires, — toutes les demandes simples qui ne s'élèvent pas au-dessus de cent cinquante francs, — en premier ressort, toutes les contestations en matière posssessoire, — et enfin, aussi en dernier ressort, comme arbitres, toutes les affaires quelles qu'elles soient, lorsque les parties s'accordent à les prendre pour juges définitifs.

De quoi s'occupent spécialement les tribunaux de première instance ?

Toutes les contestations dont l'objet dépasse cent cinquante francs leur sont soumises, et ils les jugent en *dernier ressort* et sans préliminaire de conciliation, lorsqu'elles ne s'élèvent pas au-dessus de mille francs (2).

---

(1) Mais le pouvoir, qui ne peut les destituer, a la faculté de les faire passer, quand il le veut, à un grade supérieur, d'où il suit que, en exécutant ses volontés, les magistrats peuvent recevoir le prix de leur complaisance. — Là, comme partout, la corruption peut donc se glisser et détruire les garanties des citoyens !....

(2) Des hommes d'une haute capacité politique pensent qu'il faut introduire dans les tribunaux de première instance le jugement *par*

Ils statuent également sur toutes les questions relatives aux actions possessoires. — En tout état de cause, ces tribunaux peuvent appeler les parties et des témoins devant eux et procéder à une instruction orale. — La procédure est réduite à la plus grande simplicité possible ; ce sont les *huissiers* qui la font. — Il n'y a ensuite que des *avocats* (1), qui portent les affaires devant les tribunaux et défendent les parties, lorsqu'elles ne veulent pas faire tout cela *elles-mêmes.*

Quelles sont les attributions des tribunaux d'appel ?

C'est à eux qu'ont recours les parties qui, condamnées par les tribunaux de première instance dans un procès dont le sujet est un intérêt *de plus de mille francs,* croient avoir été mal jugées et veulent soumettre leur affaire à un second tribunal. — L'appel doit être interjeté dans le délai *d'un mois,* à dater de la signification du premier jugement dont il suspend immédia-

---

jurés comme il existe déja pour les affaires criminelles. Ils demandent que, dans tous les procés, on pose deux questions, l'une *du fait,* l'autre *du droit.* Au jury appartiendrait la solution de la première ; au tribunal, celle de la seconde. — Ce système déja présenté à l'Assemblée Constituante, a été reproduit plus tard à la Convention lorsqu'elle élaborait la constitution de 1795, et il y est devenu le sujet d'une discussion longue et grave. Après de vifs débats auxquels prirent part principalement, Cambacérès, Barrère Héraut-Séchelles et Robespierre, la Convention se prononça contre l'admission des jurés, mais la plupart de ses membres ne votèrent ainsi que dans l'espérance d'adopter plus tard la proposition, lorsqu'on aurait achevé le travail, déja commencé, d'un code de lois *simple*, uniforme et *à la portée de tous.* — Quarante années ont couru depuis lors, ce code que les hommes de la convention attendaient, nous le possédons. — Eh bien! malgré cela, la question ne nous paraît pas meilleure, et nous déclarons en toute humilité que, dans notre opinion, le jugement par jurés dans les affaires civiles ne nous paraît pas possible à admettre.

(1) Il est utile de maintenir la profession d'*avocat,* parce qu'avec des lois aussi compliquées, aussi embrouillées que celles que nous avons, il faut faire de longues études pour être capable de plaider ou de prononcer sur un grand nombre de questions ; mais nous demandons que cette profession soit délivrée des entraves auxquelles elle est actuellement soumise. Nous désirons qu'il suffise d'être licencié en droit pour qu'on puisse s'établir avocat et plaider, à sa volonté, dans quelque ville ou devant quelque tribunal que ce soit, sans avoir jamais à se soumettre aux caprices ou au mauvais vouloir d'aucun conseil de discipline.

tement l'effet. — Le mode de procéder devant les tribunaux d'appel est le même que devant les tribunaux de première instance. — Leurs arrêts sont définitifs.

Si les arrêts des tribunaux d'appel sont définitifs, quelle est l'utilité du tribunal de cassation?

Il peut arriver que des tribunaux, comprenant mal la loi, en fassent une fausse et injuste application ou que de certaines formalités dont elle prescrit rigoureusement l'exécution pour donner lieu à l'exercice d'un droit, ne soient pas accomplies. Ceux qui croient la loi, ou les formes violées à leur égard ont un délai de *deux mois* à partir de la signification du jugement ou de l'arrêt pour former ce qu'on appelle un *pourvoi en cassation.* — *Tous* les avocats domiciliés dans la ville où siège le tribunal suprême peuvent signer la requête en pourvoi, pour celui qui les charge de la présenter, et ils ont droit de le défendre. — Le dépôt de cette requête n'empêche pas l'exécution provisoire des jugemens ou arrêts contre lesquels elle est dressée.

Le tribunal de cassation est uniquement le gardien de la loi : il ne s'occupe pas du fond des affaires, c'est-à-dire qu'il ne cherche pas, par exemple, si tel citoyen est réellement débiteur de tel autre, ou bien si tel accusé est ou non coupable de tel crime ou délit, mais il examine si la loi en vertu de laquelle les tribunaux ont condamné, autorisait bien cette condamnation. — S'il dit : « Oui, » toutes les exécutions sont maintenues ou achevées; s'il répond : «Non, » les sentences des premiers juges sont annulées et l'affaire est renvoyée devant un autre tribunal d'appel qui recommence à juger.

Aujourd'hui, en France, il faut avoir beaucoup d'argent pour subvenir aux frais énormes qu'entraîne une affaire menée jusques en cassation. Il s'en suit que le pauvre ne peut souvent obtenir justice du riche. — Avec les réformes que nous indiquons pour la juridiction *civile*, il peut y avoir *prompte* justice pour tout le monde.

Maintenant que nous savons comment s'exerce la juridiction civile, donnez-nous quelques explications sur la juridiction criminelle?

En principes généraux, on distingue les *contraventions* (violations des réglemens de police, etc.), les *délits*

(escroqueries, filouteries, etc.) et les *crimes* (vols compliqués, assassinats, etc.). — Les juges de paix connaissent des contraventions qui ont lieu dans l'étendue de leur canton; — les tribunaux *correctionnels* jugent les délits commis dans leur arrondissement; — les *cours d'assises*, qu'on pourrait, si l'on voulait, appeler *comités criminels*, statuent sur les crimes et sur tous les délits politiques, sans distinction, commis dans un département.

Comment sont formés les tribunaux correctionnels?

Chaque année, les tribunaux de première instance, en se divisant en sections de trois juges, la première fois par le sort, les années suivantes par voie de *roulement*, forment une section qui devient le tribunal correctionnel.

Comment sont composées les cours d'assises?

Dans le département où siège le tribunal d'appel, les cours d'assises sont formées par trois de ses membres, *tirés au sort*, pour chaque session, sur le nombre total des juges. Il faut qu'il s'écoule, au moins, l'intervalle d'une session avant que les mêmes membres puissent siéger de nouveau. — La présidence appartient à celui dont le nom est sorti *le premier* de l'urne. — Dans chacun des départemens qui ressortissent d'un tribunal d'appel, les cours d'assises sont composées d'*un* juge de ce tribunal, auquel appartiennent les fonctions de président, et de *deux* membres du tribunal de première instance du chef-lieu, tous trois désignés par le sort.

Les tribunaux de paix et les tribunaux correctionnels jugent *seuls*. — Les cours d'assises ne peuvent, *en aucun cas*, juger sans l'intervention du *jury*.

Expliquez-nous mieux ce que vous venez de dire sur les cours d'assises.

Les deux premiers genres de tribunaux que nous avons cités, prononcent à la fois sur le fait, et s'il y a lieu, sur l'application de la peine : il en est autrement des cours d'Assises. Dans toutes les affaires qui sont portées devant elles, le jury commence par juger *seul* le *fait*, c'est-à-dire qu'il déclare si l'accusé traduit devant lui est ou n'est pas coupable du fait qui lui est imputé. S'il répond affirmativement, les juges de la cour d'assises appliquent au coupable les peines portées par la loi : s'il le déclare innocent, les juges ordonnent qu'il est renvoyé de l'accusation portée contre lui. — La déclaration des jurés s'appelle *verdict;* le jugement de la cour s'appelle *arrêt.*

Qu'est-ce que le jury ?

C'est le véritable tribunal chargé de juger les causes criminelles ou politiques. Il est composé de douze citoyens tirés au sort pour chaque affaire, sur trente-six autres, qui, eux-mêmes, ont été pris par la voie du sort, avant l'ouverture de la session de la cour d'assises, sur le nombre *total* des citoyens actifs du département. — Ils prennent le nom de *jurés.* Tous les débats des causes ont indispensablement lieu devant eux.

Par qui sont conduits les débats des audiences des cours d'assises ?

Par les présidens, membres du corps judiciaire; mais ils n'ont *jamais* le droit d'interdire la parole aux accusés ni de restreindre le cercle de leur défense. Les jurés seuls peuvent avoir ce pouvoir, lorsqu'après un long espace de temps donné à la défense, ils déclarent être suffisamment instruits pour juger.

Quelles sont les formalités préliminaires au renvoi d'un citoyen devant la cour d'assises ?

La plus importante est celle de la *mise en accusation.*

Qui statue sur les mises en accusation ?

Un jury particulier qui s'intitule *jury d'accusation.* Pris par le sort de la même manière que les autres, ces jurés s'assemblent une fois, au moins, chaque semaine sur la convocation des comissaires-criminels du gouvernement; ils exercent leurs fonctions pendant un certain laps de temps au bout duquel ils sont remplacés. Toutes les poursuites criminelles leur sont soumises. Ils jugent *en dernier ressort,* si les accusés doivent être renvoyés devant la cour d'assises ou si l'accusation doit être abandonnée. — Hors les cas de *flagrant délit* bien constant, un citoyen ne peut être arrêté qu'en vertu d'un mandat d'arrêt décerné par le jury d'accusation.

Les mêmes citoyens ne peuvent être appelés à remplir de nouveau *l'une ou l'autre* de ces fonctions de jurés avant un intervalle de deux années.

Quelles peines applique-t-on aux condamnés ?

On est forcé de reconnaître qu'en général, c'est à la société elle-même qu'il faut attribuer tous les crimes, car ce doit être toujours par sa faute qu'un homme s'égare. Si elle donnait à tous, l'instruction, l'éducation, les secours moraux ou physiques qui leur sont nécessaires, il n'y a pas de doute qu'on ne verrait presque plus de criminels. Si donc un homme commet un crime, la société, tout en lui infligeant une punition, doit principalement s'occuper de réparer le mal que la faute commise lui signale. *Son but* ne peut être alors *que de rendre meilleur* le coupable, et de le mettre, *en le moralisant*, dans l'impossibilité de retomber à l'avenir dans le crime. Là, est tout son droit. En principe absolu, la société n'ayant pas celui de tuer un de ses membres, *l'odieuse* PEINE DE MORT *EST ABOLIE*! — Une captivité plus ou moins longue est le seul moyen de punition admis; mais, les prisons ne sont plus que des hôpitaux pour les maladies de l'âme. Ceux qu'on y renferme y sont traités jusqu'à la preuve d'une guérison complète, et rendus ensuite à la société, qui, loin de les repousser, les reçoit, au contraire, avec joie, comme des enfans qu'elle aime et dont elle a totalement oublié les égaremens passés. — Si, *par miracle*, il s'en trouve dont le mauvais naturel ne puisse pas être dompté, une détention perpétuelle garantit la société de leurs attaques.

LEÇON DIX-SEPTIÈME.

DE L'IMPOT.

Qu'est-ce que l'impôt?

C'est la somme que la nation prélève sur elle-même pour couvrir strictement les dépenses que nécessite l'administration de ses affaires. — Elle confie cet argent aux gouvernans, qui, en retour, doivent lui donner *ordre, sûreté, liberté*, et faciliter à tous ses membres les moyens d'arriver au bien-être.

Qui doit payer l'impôt?

Tous les citoyens indistinctement, mais chacun *suivant la proportion* PROGRESSIVE de sa fortune. — L'impôt doit frapper principalement le *superflu* du riche et épargner le plus possible le *nécessaire du pauvre*, c'est-à-dire qu'il doit être supporté principalement par ceux qui ont des *revenus* et très faiblement par ceux qui vivent de leur *travail*. — Il est actuellement perçu par voie *de répartition*, c'est-à-dire que le fisc demande une somme déterminée à chaque ville ou commune qui, à son tour, *la répartit* entre les contribuables, en proportion de leur fortune. La commune seule est *collectivement* obligée vis-à-vis du trésor public. — L'impôt pourrait être *de quotité*, c'est-à-dire pris sur chaque contribuable en particulier qui se trouverait alors obligé *isolément* vis-à-vis du fisc.

Faites-nous un tableau du système financier qui existe en France?

Ce tableau est hideux à tracer, mais nous devons le faire, car à lui seul il met à nu de bien larges plaies de notre état social! — Il suffit d'y jeter un regard pour y reconnaître de suite la présence et l'influence de la monarchie, de même que tous les maux que produisent inévitablement l'aristocratie, les priviléges, les monopoles, l'insatiable égoïsme qu'elle entraîne avec elle!

— En 1801, aussitôt après la chute de la république et alors que nous étions depuis long-temps en guerre avec une grande partie de l'Europe, les dépenses de la France s'élevaient à *cinq cent cinquante millions*; — en 1833, après une bien longue paix, leur chiffre monte à ONZE CENT VINGT MILLIONS QUATRE CENT MILLE FRANCS!!
— En 1807, sous Napoléon, la France avait une dette de *un milliard neuf cent douze millions cinq cent mille francs*; — en 1833, cette dette est arrivée à CINQ MILLIARDS QUATRE CENT DIX-SEPT MILLIONS, SIX CENT MILLE FRANCS, dont l'intérêt dévore chaque année aux contribuables la somme exorbitante de plus de *deux cent septante-cinq millions!!!!*.....

Pour faire face à l'épouvantable dépense que nous avons citée, on a établi: 1° les contributions *directes*, qui sont uniquement proportionnelles et qui se divisent en impôt foncier ou impôt sur les immeubles, — impôt personnel et impôt mobilier, — impôt des portes et fenêtres, — impôt du timbre, de l'enregistrement et des domaines, — et impôt des douanes. 2° Les contributions *indirectes* divisées en impôts sur les bois-

sons , — sur le sel , — sur le tabac , — sur les pou-
dres à feu, et en général sur tous les objets *dits de
consommation* (c'est-à-dire qu'on est obligé d'employer
pour les besoins de la vie), — sur les voitures publiques, — les cartes à jouer , — la pêche , les péa-
ges, etc. , etc.; — sur les postes, les jeux , la loterie , etc. , etc. Or, il faut chaque année fixer les
sommes qui doivent être produites par ces deux grandes branches principales de contributions , et comme
c'est uniquement aux grands propriétaires , soit à l'a-
ristocratie, qu'appartient ce pouvoir, ces messieurs ont
toujours le soin de faire leur propre part d'impôt la
plus faible possible, d'en rejeter la plus grande masse
sur les petits propriétaires et sur les travailleurs, et de
plus , de créer ou de soutenir , au préjudice de ces der-
nières classes, les monopoles , les priviléges les plus injustes. Ainsi, les propriétés immobilières dont l'évalua-
tion est portée à *quarante milliards* et qui , en 1790 ,
payaient un impôt équivalant à plus de *trois cent dix millions*, ne sont plus taxées qu'à *deux cent quarante-cinq millions*; mais en revanche, les impôts qui pèsent particulièrement sur la classe moyenne et la classe pauvre sont élevés à plaisir ! — l'impôt personnel et mobilier produit
plus de *cinquante-un millions*; — l'impôt sur les boissons,
plus de *quatre-vingt sept millions* ; — l'impôt sur le
sel , plus de *soixante-deux millions* , — l'impôt sur le
tabac , *soixante-huit millions* ; etc. On interdit par l'é-
tablissement de droits excessifs , une entrée suffisante
en France, des blés, des bestiaux , des sucres , des
fers, des machines, des charbons, des cotons, etc.,
etc. , venant de l'étranger, et cela uniquement dans
l'intérêt de quelques grands propriétaires de terres ,
de mines , de manufactures. On entretient un nombre
incroyable d'employés de toutes sortes. Sous le prétexte d'affermir le crédit public , on jette annuellement
aux agioteurs sous le nom de *fonds d'amortissement*,
une somme de plus de *quatre-vingt deux millions*
avec laquelle on rachète une parcelle des rentes qui
forment la dette publique, ce qui ne sert pas plus à
éteindre celle-ci qu'une pierre jetée dans un fleuve
ne sert à en combler le lit.

On donne, chaque année, plus de *quinze millions*
seulement à *l'état-major* de l'armée ; on élève à *trente-*

quatre millions quarante-deux mille francs (1) les dépenses des cultes , qui , en 1808 , n'étaient que de douze millions ; on accorde *treize millions* à la familleroyale, qui , lorsqu'elle fut faite ce qu'elle est , promettait de ne rien demander, pendant plusieurs années , aux contribuables, et de vivre sur ses énormes revenus : enfin , on joue véritablement aux millions ; on en use pour faire les plus criantes prodigalités , sans autre règle , que d'écraser le plus grand nombre au profit d'une faible minorité.

Quels sont les résultats de ce système financier.

De produire une exagération exorbitante de dépenses inutiles qui ne sont couvertes que par une autre exagération de taxes extrêmement funeste ! Les douanes et les impôts indirects augmentant d'une manière démesurée, le prix des denrées, rendent le salaire des travailleurs très insuffisant et les plongent dans la misère.

Privant l'industrie de certaines matières premières qu'elle ne peut recevoir que de l'étranger, ils lui interdisent tout développement ; l'étranger, usant, à son tour, de représailles et refusant de recevoir les produits de notre sol, puisqu'on ne prend pas les siens, il en résulte les effets les plus désastreux : la *consommation* de nos produits ne pouvant s'effectuer ni à l'intérieur, ni à l'extérieur, on est forcé d'arrêter la *production*. C'est par suite de ce fait, qu'on arracha en 1828 et 1829, près de vingt mille hectares de vigne !.... L'impôt indirect qui frappe les objets de consommation, est donc tout-à-fait injuste et nuisible, puisqu'il entrave le travail, l'agriculture ; qu'il ruine l'industrie le commerce et force les travailleurs à se priver de choses nécessaires à leur existence ! Il est loin , du reste , de donner les avantages qu'il semble présenter. — en premier lieu, les frais de perception qu'il entraîne sont énormes ! La taxe sur les boissons, par exemple, coûte environ trente-quatre francs pour cent de frais de perception, et occupe sept mille cinq cent douze hommes et deux mille sept cent soixante-quatre chevaux qu'elle ravit à l'industrie (2),

---

(1) Sur cette somme, le culte protestant prend huit cent mille fr. et le culte juif quatre-vingt mille : tout le reste est pour le clergé catholique !.....

(2) En outre, les douanes emploient à elles seules vingt-sept mille sept cent cinquante agens !.....

tandis que l'impôt *direct* ne coûte qu'environ cinq francs pour cent pour être encaissé. — En second lieu, il a fait naître et soutient un commerce immoral, illicite, celui de la contrebande qui, c'est un fait reconnu, fournit aujourd'hui à la France, au grand préjudice du trésor public et sans aucun avantage pour les consommateurs, le *quart* des denrées étrangères qui sont consommées.

Comment les dépenses sont-elles couvertes dans le gouvernement républicain ?

Par la voie d'un impôt *progressif* et non d'un impôt *proportionnel.*

Quelle différence existe-t-il entre ces deux genres d'impôts ?

Le premier est établi sur une base de cotisation qui frappe les citoyens ou leurs revenus, suivant une prétendue *proportion, invariable* quelle que soit la quotité de leur avoir ou de leur revenu. — Le second, au contraire, est basé sur une proportion continuellement *variable, RÉGULIÈRE OU IRRÉGULIÈRE,* devenant d'autant plus forte que la fortune à imposer est plus considérable. — Hâtons-nous de prendre des exemples pour être mieux compris.

A Lyon, l'impôt mobilier a pour base le prix du loyer. Il est perçu selon le mode *proportionnel* et de répartition, à raison de 12 fr. 37 c. pour cent du loyer, pris pour le signe du revenu. Or, nous savons tous que ce signe est faux, puisque les appartemens *d'habitation* de trois pièces sont, relativement, beaucoup plus chers que ceux de huit ou de dix pièces. Les premiers valent, au moins, trois cent cinquante francs et sont occupés presqu'exclusivement par des familles qui n'ont pour vivre d'autres ressources que leur travail, tandis que les autres s'élèvent ordinairement au prix d'environ sept cents francs, mais sont toujours un indice assuré de la richesse plus ou moins grande de ceux qui les habitent. Pourtant l'impôt *prétendu* proportionnel frappe de 43 f. 30 c. la famille qui travaille et a besoin, et ne prend que 86 fr. 59 c. à la famille opulente ; c'est-à-dire qu'il réduit immodérément le *nécessaire* de l'une et touche à peine le *superflu* de l'autre.

— La même disproportion suivie du même résultat, existe entre l'impôt foncier payé par les petits ou par les grands propriétaires. — Il est même d'autres impôts comme celui des portes et fenêtres et comme ceux qui pèsent sur les objets de consommation, qui n'ont pas même l'apparence d'une proportion et sont égaux pour tous les citoyens en général ou pour une classe d'industriels en particulier. Ainsi, le simple ouvrier voit souvent la moitié du prix de sa journée, enlevée par les impôts indirects qui frappent sa boisson, sa nourriture, et le millionnaire n'a pas pour vivre plus d'impôts à payer que lui; de même les orfèvres payent tous pour patente fixe une somme de trois cents francs, cependant, il en est beaucoup parmi eux, dont cette somme représente seulement le cinquième des bénéfices annuels, tandis qu'elle n'est pour un certain nombre d'autres que le cinquantième du revenu de leur commerce !... Dans tout cela y a-t-il justice ?... Est-ce enfin ce que cette fameuse charte promet, lorsqu'elle dit impudemment : « Tous les français contribuent *indistinctement* aux charges de l'état, *dans la proportion de leur fortune !...* »

Mais si on remplaçait le système général actuel par un seul impôt de *quotité*, comprenant à la fois les cotes foncière, mobilière, personnelle et la patente, qu'on l'établît d'après un mode de proportion *progressive* qui frappât les commerçans comme les non-commerçans, les propriétaires comme ceux qui ne le sont pas, et eût pour base le revenu apprécié d'abord par le prix du loyer ou la valeur de la propriété, puis, par les déclarations de fortune exigées des contribuables sous la foi du serment, enfin, au besoin, par les données résultant d'enquêtes spéciales faites pour parvenir à la découverte de la vérité, il arriverait par exemple, (nous donnons ces chiffres au hasard et seulement pour nous faire comprendre) que les familles ayant un loyer de 350 fr. et pour moyens de vie, le seul produit de leur travail, pourraient être imposées à quinze francs; celles ayant un loyer de 500 fr. soit un revenu de deux mille fr., à soixante et dix fr.; d'autres ayant un loyer de sept cents fr., soit un revenu de quatre mille fr., à cent cinquante fr.; celles enfin, dont le loyer serait de deux mille fr. et indiquerait un revenu de vingt mille, à deux mille fr. (1). Il résulte-

(1) Ceux qui ne sont pas habitués à envisager ces questions d'impôts, trouveront au premier aspect, ce chiffre de deux mille francs

rait de l'adoption d'un pareil système que chacun contribuerait réellement aux charges publiques suivant sa fortune. Ce serait là l'impôt progressif que nous demandons et qu'il faudrait pour continuer d'être conséquent et juste, appliquer aux donations, aux successions, aux rentes consolidées dues par l'état, à tous les genres de fortune et à tous les capitaux, en général, en ayant grand soin toutefois d'épargner ceux qui seraient reconnus servir à l'industrie.

L'impôt progressif tel que vous venez de le définir, pourrait-il être établi en France?

Nous n'en doutons pas. — Les objections qu'on a faites contre ce genre d'impôt sont fort nombreuses, mais nous croyons qu'elles n'ont quelque valeur que parce qu'on suppose l'application de ce système faite sur un taux trop élevé. En prenant un point modéré, nous pensons qu'il serait facile d'arriver à sa perception sans vexation réelle pour personne et néanmoins avec le résultat assuré d'une grande amélioration financière qui permettrait d'abolir immédiatement l'impôt sur les boissons , l'impôt sur le sel, la loterie et le timbre des journaux; de diminuer le prix du tabac, du papier timbré, des frais de poste, etc. Il suffirait pour effacer cette diminution dans les recettes, des seuls avantages que produirait une plus équitable répartition de l'impôt, mais elle serait encore amplement compensée par les économies faites dans les dépenses par suite de la suppression des abus, des sinécures, de la réduction des gros traitemens et du nombre des fonctionnaires civils ainsi que du nombre et des émolumens des hauts grades de l'armée, — par la suppression des fonds de l'amortissement, (1) des allocations accordées aux ministres des cultes, (2) etc. etc. ; — enfin, par les avantages immenses qui

---

exorbitant, mais s'ils réfléchissent qu'après le prélèvement de cette somme, il reste encore dix-huit mille francs à ces contribuables, ils se convaincront qu'ils sont bien moins à plaindre que les prolétaires auxquels on prend seulement quinze francs, mais quinze francs sur *leur nécessaire.*

(1) —L'Angleterre a, depuis long-temps, reconnu l'*inutilité* de l'amortissement comme l'*injustice* de l'impôt sur le sel et elle les a abolis tous les deux.

(2) Les Républiques des États-Unis n'ont jamais salarié les ministres d'aucun culte.

résulteraient de l'accroissement de la production et de la consommation déterminé par l'adoption de ces mesures et par celle d'un système de douanes sensé et juste. — Toutes ces réformes indispensables ne devraient néanmoins être opérées qu'avec les précautions et les dédommagemens convenables pour éviter de détruire brusquement la position sociale d'aucun citoyen et pour garantir au pays comme à l'industrie un avenir brillant obtenu sans aucun bouleversement social.

LEÇON DIX-HUITIÈME.

DE LA FORCE ARMÉE.

Une république doit-elle avoir une armée permanente et soldée?

Oui, lorsqu'elle peut redouter les surprises d'ennemis habitant les pays qui touchent ses frontières. — L'armée est alors instituée pour la défense, la gloire et l'indépendance de la patrie.

Qui compose cette armée ?

Tous les citoyens indistinctement, dès qu'ils ont atteint l'âge de vingt années. — Les remplacemens sont interdits, les infirmités corporelles peuvent seules exempter du service militaire. — Lorsque le concours de tous les jeunes gens de vingt ans n'est pas utile, le sort indique chaque année ceux d'entr'eux qui seront portés sur les rôles de la mise en activité.

Quelle est la durée du service?

Elle doit être proportionnée à l'étendue et à l'imminence des dangers auxquels le pays est exposé. Ce tribut étant le plus lourd de ceux auxquels les citoyens sont assujettis, il importe de n'en pas prolonger inutilement le fardeau. Il nous semble qu'en France un service de cinq années suffirait, mais serait nécessaire jusqu'à ce que la face actuelle de l'Europe fût changée. — Les raisons qui servent à limiter la durée du service, combinées avec le degré d'instruction et de force de la garde civique (1), servent à déterminer le nombre des soldats qui doivent être réunis sous les drapeaux.

---

(1) D'après un rapport officiel publié au mois de décembre 1852, le nombre des citoyens devant faire partie de la garde mobile était,

La force militaire de la nation repose-t-elle unique-ment dans l'armée ?

Non; tous les citoyens qui ne sont pas soldats et ont moins de cinquante ans, sont astreints dans leurs foyers à un service particulier. Ils forment la *garde nationale*, divisée en garde *mobile* et en garde de *réserve*. — En temps de guerre, la première est assimilée à l'armée et appuie ses mouvemens même à l'extérieur; la seconde, est particulièrement commise à la garde des villes et des forteresses.— Lorsque les peuples mieux éclairés sur leurs véritables intérêts ne seront plus soumis au des-potisme ni aux caprices des rois, ils reconnaîtront com-bien est absurde et barbare l'habitude que ces derniers leur ont fait prendre de se haïr mutuellement et de s'en-tr'égorger sans motifs raisonnables, et changeant leurs sentimens de jalousie et de haine en une franche et com-plette confraternité, ils ne formeront plus qu'un seul faisceau et licencieront leurs armées. Alors commen-cera cette paix générale et perpétuelle dont l'accomplis-sement a été regardé jusqu'à présent comme un rêve, et cela avec raison, car, toujours impossible en présence des monarchies, elle ne datera que du jour de l'affran-chissement des peuples.

Quelle est la condition de l'armée sous un gouverne-ment républicain ?

Sortis du peuple et destinés à rentrer dans son sein, les soldats ne perdent rien de leur dignité de citoyens. Si une indispensable nécessité veut qu'ils soient soumis à des règles inflexibles de discipline et de subordination, ces conditions ne subsistent que relativement au service et pendant sa durée. De même, ce n'est pas par la crainte des châtimens ou des flétrissures qu'on obtient leur obéis-sance, mais par de glorieuses marques d'estime et de considération que la patrie leur accorde, lorsqu'ils s'en rendent dignes, et qui favorisent l'essor des sentimens de bravoure et d'honneur qui les animent; c'est, enfin, en les forçant à aimer leurs chefs et à avoir confiance en eux.

à cette époque, de un million neuf cent quarante-six mille. On con-çoit quelle force une pareille réserve, habituellement exercée au maniement des armes, et ayant ses cadres toujours prêts, donnerait à la France, et comment avec elle on pourrait se dispenser d'entre-tenir une armée permanente de trois cent mille hommes.

Comment peut-on parvenir à ce dernier but

En laissant, comme dans la garde nationale, la nomination des différens chefs de l'armée à l'élection de ceux qui sont destinés à recevoir et à exécuter leurs ordres.

Les officiers de tous les grades sont-ils nommés par la voie de l'élection?

Non : le colonel est le dernier qui soit nommé ainsi, dans l'armée comme dans la garde nationale. — La nomination des généraux de brigade et des généraux des gardes nationales de chaque département appartient au pouvoir *exécutif;* celle des généraux de division et des généraux en chef est placée dans les attributions du pouvoir *législatif.*

Sous les ordres de qui est placée la force armée?

Sous les ordres du pouvoir exécutif. — La tranquillité est maintenue à l'intérieur par la garde nationale agissant sur la réquisition des autorités civiles. Ce n'est que dans des cas extrêmement graves que celles-ci peuvent également requérir l'armée.

LEÇON DIX-NEUVIÈME.

DE L'INSTRUCTION PUBLIQUE.

Quel est l'état actuel de l'instruction publique, en France?

L'instruction y est donnée à deux degrés principaux. Dans le premier, on se contente d'enseigner à lire, à écrire, à compter, etc. — Dans le second qui ne peut être recueilli que dans les colléges, on enseigne de plus, les langues latine et grecque, sciences toutes de luxe dont l'étude est complètement inutile au plus grand nombre des élèves. Les sciences vraiment utiles, ne sont superficiellement enseignées qu'à ceux qui ont assez de temps et d'argent pour passer environ dix années sur les bancs. D'ailleurs, quel que soit le degré d'instruction qu'un jeune homme ait acquis, il se trouve également déplacé dans le monde lorsqu'il y entre. On lui a laissé ignorer les droits et les devoirs de l'homme dans la société, il ne possède pas la moindre notion du droit politique; on a complètement oublié qu'avant tout, il devait être citoyen: en un mot on a tout-à-fait laissé de côté son *éducation*, dont le soin est alors abandonné à lui-même et aux hasards de la vie. — Toute insuffisante qu'elle est, l'instruction est encore un privilége et en disant cela, nous ne parlons pas seulement de l'instruction qu'on reçoit dans les colléges, — un très petit nombre en profite, — mais de l'instruction *primaire* ou du premier degré. C'est que la propagation des lumières est la ruine des gouvernemens usurpateurs des droits des peuples. Pour se soutenir, ils ont besoin de maintenir les erreurs et les préjugés et c'est l'ignorance qui leur offre le meilleur appui. Ceci nous explique pourquoi huit à neuf millions de Français mâles, c'est-à-dire près de *six* sur *dix*, sont totalement privés d'instruction et pourquoi, les gouvernans si prodigues de millions lorsqu'il s'agit de dépenses superflues ou peu utiles, votent si difficilement quelques cents mille francs pour l'instruction publique (1).

Sous un gouvernement républicain, il n'en est pas ainsi. L'intérêt général étant que tout le monde soit le plus instruit qu'il est possible, les gouvernans mettent tous leurs soins à propager, à diriger l'instruction et à la faire constamment suivre du système d'éducation le plus avantageux pour les individus et pour la nation. — L'instruction est morale, intellectuelle et religieuse, enfin *nationale :* tous sont admis à en profiter.

Quel est le but d'une instruction nationale ?

C'est, dit *Condorcet,* d'offrir à *tous* les citoyens les moyens de pourvoir à leurs besoins, d'assurer leur bien-être, de connaître et d'exercer leurs droits, d'entendre et de remplir leurs devoirs.

Quels sont les résultats de l'instruction dirigée d'après ces principes?

C'est d'assurer à chaque citoyen, la facilité de perfectionner son industrie, de le rendre capable de remplir les fonctions sociales auxquelles il a droit d'être ap-

---

(1) La présentation d'un projet de loi sur cette matière avait fait naître chez tous les amis de l'humanité l'espoir de quelques améliorations, mais nos hommes d'état ne se sont pas départis de leurs habitudes. La loi a été votée, les priviléges de castes, les intérêts de partis y ont été soigneusement maintenus. A l'exception de l'augmentation qu'elle amènera dans le nombre des écoles primaires, les résultats de cette loi, si on parvient à la faire exécuter, seront, en définitive, plus nuisibles qu'avantageux à la cause de l'humanité!...

pelé, de développer toute l'étendue du talent qu'il a reçu de la nature ; enfin, et par une suite nécessaire, c'est de combattre la plus funeste des inégalités, celle des talens et des lumières, d'établir entre les citoyens une égalité de fait et de rendre *réelle* l'égalité politique qui, sans la communauté de l'instruction, ne serait à peu de chose près, qu'un vain mot.

L'instruction ouvre encore aux hommes une source inépuisable de secours dans leurs besoins, de remèdes dans leurs maux, de moyens de bonheur individuel et de prospérité commune.—Ceux que la société actuelle a volontairement laissés dans l'ignorance doivent donc dès à présent, chercher eux-mêmes tous les moyens d'en sortir.

Comment arrive-t-on à obtenir les grands résultats que vous venez d'indiquer.

En établissant l'instruction du premier degré *égale*, *commune* et *gratuite* et en rendant facile l'admission de tous, *pauvres ou riches*, aux degrés supérieurs de l'instruction.

Pourquoi établit-on plusieurs degrès d'instruction ?

Il est indispensable de le faire. — La nature n'a pas plus donné à tous les hommes une même dose d'esprit qu'elle ne leur a donné un goût uniforme pour la science. Elle les fait aussi naître dans diverses positions sociales qui n'exigent pas la satisfaction des mêmes besoins. Il faut donc donner à tous les jeunes gens, sans exception, un premier degré d'instruction capable de remplir le but que nous avons tout-à-l'heure indiqué, puis établir pour ceux que le goût, des dispositions naturelles ou des plans d'avenir portent à faire de plus grandes études, des degrès d'instruction dans lesquels on approfondit, de plus en plus, l'enseignement du premier degré et où on se livre à l'étude de sciences nouvelles. — Il n'y a rien de choquant dans ces diverses distinctions parce que, comme nous l'avons dit, les plus pauvres comme les plus riches, peuvent également y être admis.

LEÇON VINGTIÈME ET DERNIÈRE.

DU TRAVAIL.

Dites-nous quelle est l'origine du travail et quelle est la condition actuelle des travailleurs ?

La nécessité où les hommes se sont trouvés de se nourrir, de se vêtir, de se créer des habitations, les a forcés au premier travail. Leurs besoins, s'augmentant ensuite de plus en plus, ont fait naître une diversité infinie de travaux. — Dans les premiers âges, tous les hommes étant propriétaires, chacun travaillait pour soi, et chacun ne faisait produire que ce qu'il avait besoin de consommer. — Plus tard, une révolution sociale, due à diverses causes, ayant donné à un certain nombre d'hommes seulement, le privilège de la propriété, ceux qui ne possédaient rien travaillèrent pour ceux qui possédaient. Il s'ensuivit une association entre ces deux classes : l'une fournit les *instrumens de travail*, soit un champ, des instrumens aratoires, du bois, du fer ou un capital d'argent ; l'autre donna à la fois son *travail* et son *talent*. Les hommes qui composaient la première classe se reposèrent ; les hommes de la seconde classe travaillèrent, et le résultat du labeur, soit *le produit agricole ou industriel*, fut partagé entr'eux *par égales portions*. — A cet ordre de choses en succéda ensuite d'autres bien différens. Après des siècles d'esclavage, puis de servage, subis par le pauvre travailleur, et pendant lesquels il fut traité comme un vil bétail, il redevint maître de lui-même, mais ce fut tout, car le propriétaire, par une loi nouvelle qu'il lui imposa, se réserva de fixer arbitrairement le prix de son travail, sans avoir égard à la valeur du produit. Le prix qu'il lui donna fut appelé *salaire*. — Par un nouveau progrès social, le travailleur ayant obtenu de discuter avec le propriétaire le taux de son salaire, il résulta pour lui, de la lutte continuelle de leurs deux intérêts opposés, des intermittences de bien-être ou de misère. Cet état de lutte s'est perpétué jusqu'à nos jours, mais il nous présente maintenant le travailleur complètement vaincu, l'homme de talent dé-

daigné, tous deux obligés de subir la loi du propriétaire, et réduits à la plus pitoyable condition. — **La
propriété jouit de tous les privilèges ; maîtresse dans
l'ordre social, elle profite de son pouvoir pour s'exempter des plus lourdes charges et les rejeter sur le travail.** — Celui-ci, sans pouvoir, sans représentation spéciale, voit ses intérêts opprimés, compromis, et ne
peut les défendre. Jusqu'à présent, ceux qui le représentent, s'étaient bornés à souffrir ou à articuler faiblement quelques plaintes que l'on feignait de ne pas
entendre ; mais depuis peu ils commencent à se voir,
à s'entendre entr'eux. En criant ensemble, ils crient
bien plus fort : il n'est pas d'oreille si sourde qu'ils ne
forcent à les entendre. Aussi, la justice de leurs réclamations est-elle généralement comprise et soutenue.
Il n'en pouvait être autrement, car la dépréciation ex-
trême du prix du travail arrête l'industrie qui est elle-
même la richesse des nations. Or, il n'en est pas une
qui préfère son propre anéantissement à l'admission
d'un système de réforme nécessaire. Nous touchons donc
au moment où sortira d'un nouvel ordre social l'amélioration *morale* et *matérielle* du sort de l'ouvrier et du
fermier-agriculteur.

*Quels sont les moyens à employer pour arriver à cet
état d'amélioration ?*

Ils consistent — à rapprocher deux classes d'hommes
qui, placées dans une dépendance réciproque, ne peuvent rien faire l'une sans l'autre, savoir la classe des
possesseurs des instrumens de travail, soit les propriétaires de terres, les manufacturiers, les capitalistes,
etc, et la classe des travailleurs, — à renouveler le
pacte d'association qui les unissait autrefois, et à former de nouvelles conditions qui assurent au travail et
au talent, une portion plus équitable du produit de l'industrie et de l'agriculture ; — à faire cesser graduelle-
ment l'abus de la rétribution prélevée par *l'oisiveté* et
l'exploitation de l'homme par l'homme; — à faire passer
peu à peu, par la puissance des associations, les instrumens de travail entre les mains de ceux qui les emploient; — à délivrer les travailleurs pauvres, de la
plus grande partie des impôts qui les accablent; — à
les admettre à une représentation *complète* dans l'organisation politique, qui leur permette de discuter eux-

mêmes leurs intérêts ; — à rendre la prospérité au pays en *organisant*, en encourageant le travail, en forçant son accroissement par une augmentation de consommation intérieure, par une sage liberté des échanges avec l'extérieur, par une haute protection accordée à toutes les entreprises de canaux, de chemins, d'ouvertures quelconques de communications ; — enfin, à organiser un bon système de crédit qui donne au travailleur probe et laborieux la facilité d'emprunter partout un capital qui lui permette de commencer ou de soutenir son industrie.

Mais tout cela ne peut être obtenu ou entrepris qu'avec un gouvernement ami des intérêts de tous, c'est-à-dire républicain. L'égoïsme de la monarchie et de l'aristocratie qui l'entoure, s'opposera toujours à l'admission de quelque portion que ce soit de cette importante réforme. La peur d'un danger pourrait bien les amener à accorder quelques concessions, mais ce serait, pour ainsi dire, à titre d'aumônes qu'ils les feraient, et des hommes qui font valoir des *droits* légitimes ne doivent rien recevoir de cette manière.

Nous avons exposé franchement et consciencieusement nos doctrines dans les pages qui précèdent. C'était pour nous un droit en même temps qu'un devoir!.... A nos Concitoyens maintenant de nous lire, d'adopter ou de rejeter nos opinions!.... — Nous avons formulé, le plus clairement qu'il nous a été possible, le PLAN de *l'organisation* du gouvernement que nous désirons pour l'avenir; nous nous gardons bien d'en donner tous les détails comme nous appartenant, nous disons seulement que l'ensemble par nous présenté nous apparait bon à adopter. Que celui qui croira avoir trouvé mieux s'empresse de le dire, car ce n'est pas trop des lumières de tous pour éclairer et juger de si graves et de si délicates questions!

Au reste, il est bon de rappeler que le principe de *l'immuabilité* des institutions sociales est une odieuse absurdité, à laquelle l'avenir se gardera bien de se soumettre. Aucune génération n'a le droit d'enchaîner par des lois, celle qui doit la suivre, et l'homme qui vient dire à des citoyens : « Voila une charte que vos pères ont faite, voila une monarchie qu'ils ont instituée, vous êtes tenus de vous y soumettre sans examen », celui-là est un tyran ou un insensé ! --- Chaque génération choisit la forme de gouvernement et se donne les lois qu'elle juge les plus propres à faire son bonheur ; voila le principe vrai que les nations doivent suivre pour réviser leurs institutions et les mettre en harmonie avec les progrès de l'esprit humain ! Ce principe est l'un de ceux qui composent la base de toute république. Sous cette forme de gouvernement, la marche constante du progrès est donc certaine et l'admission de réformes utiles, par les voix pacifiques de la délibération, assurée. --- Par là, l'humanité est délivrée de ces scènes de carnage et de sang, qui résultent des insurrections armées, faites pour lutter contre le principe d'*immobilité*, proclamé par la monarchie.

Quant au mode à suivre pour procéder à ces révisions, le voici : Il suffit, dans une république, que le *sixième* des citoyens, composant les assemblées primaires, demande la convocation d'une *Convention* pour que toutes les assemblées primaires de la république soient immédiatement consultées sur la validité de ce vœu. S'il est agréé par elles, la convocation d'une *convention* a lieu aussitôt. Des députés, nommés *spécialement* par la nation, la composent et sont chargés de préparer les modifications qui sont demandées dans la *constitution* du pays ou dans la forme du gouvernement.

TABLE EXPLICATIVE.

FIN.